Adolf Soetbeer

Denkschrift betreffend deutsche Münzeinigung

Den hohen deutschen Regierungen überreicht vom bleibenden Ausschuss

des deutschen Handelstages

Adolf Soetbeer

Denkschrift betreffend deutsche Münzeinigung

Den hohen deutschen Regierungen überreicht vom bleibenden Ausschuss des deutschen Handelstages

ISBN/EAN: 9783743649583

Hergestellt in Europa, USA, Kanada, Australien, Japan

Cover: Foto ©Suzi / pixelio.de

Weitere Bücher finden Sie auf **www.hansebooks.com**

DENKSCHRIFT
betreffend

deutsche Münzeinigung auf Grundlage durchgängiger Decimaltheilung und durch Uebergang zur Goldwährung.

(Anlage zu einer Eingabe des bleibenden Ausschusses des Deutschen Handelstages an die Deutschen Regierungen, im Mai 1869.)

Die vorliegende Denkschrift bezweckt vornämlich, sowohl bei Präsidium, Bundesrathe und Reichstage des Norddeutschen Bundes als auch bei den Regierungen und Ständeversammlungen der Süddeutschen Staaten die Ueberzeugung zu erwecken oder doch zu bestärken, dass die jetzigen Zeitverhältnisse geeignet erscheinen, die seit geraumer Zeit und von allen Seiten als höchst wünschenswerth erkannte allgemeine Deutsche Münzeinigung und durchgreifende Münzreform herbeizuführen, und soll eine dahin gerichtete Vorstellung des bleibenden Ausschusses des Deutschen Handelstages hierdurch motivirt werden. Wenn durch Verbreitung der Denkschrift zugleich in der öffentlichen Meinung eine lebhaftere Theilnahme für den erstrebten wichtigen Fortschritt bewirkt und eine Ausgleichung mancher noch divergirenden Ansichten über die Modalität der Reform befördert wird, so dürfte dies um so willkommener sein, weil bei Münzveränderungen das Vorgehen der Regierungen durch Nichts mehr erleichtert wird als durch entgegenkommende Anerkennung der Richtigkeit und Gemeinnützigkeit der beabsichtigten Maassregeln seitens des urtheilsfähigen Theils der Bevölkerungen.

Der Uebersichtlichkeit wegen werden einige geschichtliche und statistische Notizen, obschon dieselben als manchen Lesern bekannt vorausgesetzt werden dürfen, nicht übergangen werden können, doch ist hierbei auf thunlichste Kürze Bedacht genommen und sind daher minder wesentliche Punkte und Details absichtlich unerwähnt geblieben.

Unsere Denkschrift zerfällt in folgende fünf Abschnitte:

I. Die gegenwärtigen Münzverhältnisse in Deutschland.

II. Mängel und Unzuträglichkeiten derselben.

III. Versuche und Vorschläge zur Herstellung eines zeitgemässen einheitlichen Münzwesens in Deutschland, bis December 1865.

IV. Die Bestrebungen zur Anbahnung internationaler Münzeinigung und die Aussichten auf deren Verwirklichung.

V. Die Aufgaben und Ziele Deutschlands in der Münzfrage bei der gegebenen Sachlage.

I.

Die gegenwärtigen Münzverhältnisse in Deutschland.

Die vertragsmässige Grundlage für das Münzwesen der Süddeutschen Staaten und der Staaten des Norddeutschen Bundes, mit Ausnahme der beiden Grossherzogthümer Mecklenburg und der freien Städte Lübeck, Bremen und Hamburg, ist bis Ende des Jahres 1878 durch den am 24. Januar 1857 zu Wien unterzeichneten Münzvertrag gegeben. Für Oesterreich und das Fürstenthum Liechtenstein, mit welchen der Wiener Münzvertrag seitens der Zollvereinsstaaten ursprünglich abgeschlossen war, haben in Folge einer zur Ausführung des Artikels 13 des Prager Friedens abgeschlossenen Uebereinkunft der genannten Staaten vom 13. Juni 1867 die Rechte und Verpflichtungen jenes Münzvertrags aufgehört. Andererseits liegt eben in dieser Uebereinkunft für die betreffenden Zollvereinsstaaten unter sich eine Bestätigung des Wiener Münzvertrages, der, wie erwähnt, bis Ende 1878 fest abgeschlossen ist, wie denn auch in den Artikeln 2 und 12 des Vertrages wegen Fortdauer des Zoll- und Handelsvertrags vom 8. Juli 1867 auf den Wiener Münzvertrag speciell Bezug genommen wird.

Hieraus ergiebt sich unzweifelhaft, dass bis Ende 1878 weder der Norddeutsche Bund noch die Süddeutschen Staaten in der Lage sind, einseitig Münzveränderungen einzuführen, welche mit Fundamentalbestimmungen des Wiener Münzvertrags im Widerspruch stünden, wozu namentlich der Uebergang zur Goldwährung oder auch nur zur sogenannten Doppelwährung gehört; denn eine der klarsten und bündigsten Verpflichtungen im Vertrage ist, dass jeder der vertragenden Staaten verzichtet hat, Goldmünzen anders als reine Handelsmünze bei sich gelten zu lassen, und für die neu auszuprägenden Gold-Kronen wie für alle fremden Goldmünzen einen beliebigen und dauernden Kassencours zu bestimmen.

Dagegen sind solche Veränderungen in den bestehenden Münzverhältnissen, für welche durch den Wiener Münzvertrag nicht ausdrücklich gemeinsame Normen vorgeschrieben sind, der selbstständigen Entschliessung der einzelnen Staaten vorbehalten geblieben, und wurden hiernach auch durch die Preussische Verordnung vom 24. August 1867 in verschiedenen annektirten Gebietstheilen Abweichungen von dem früheren dortigen Münzsystem herbeigeführt, wozu namentlich die Abschaffung der Zehntheilung des Groschens im ehemaligen Königreich Hannover und der Guldenrechnung in Nassau etc. gehören.

Sodann sind durch die nämliche Preussische Verordnung vom 24. August 1867 die Münzverhältnisse in Schleswig-Holstein, welche früher nicht den Bestimmungen des Wiener Münzvertrages unterlagen, in Uebereinstimmung mit dem preussischen Münzsystem gebracht worden.

Die Verfassung des Norddeutschen Bundes hat in Artikel 4 No. 3 in gleicher Weise wie das Maass- und Gewichtswesen das Münzwesen der Oberaufsicht und Gesetzgebung des Bundes überwiesen, wodurch auch für Mecklenburg und die Hansestädte, obschon sie durch den Wiener Münzvertrag an sich nicht verpflichtet werden, indirect die Nothwendigkeit vorliegt, wenn durch eine Vereinbarung zwischen den Süddeutschen Staaten und dem Norddeutschen Bunde an die Stelle des Wiener Münzvertrages eine neue gemeinschaftliche Münzregulirung gesetzt wird, dieser in gleicher Weise wie die übrigen Staaten des Norddeutschen Bundes Folge zu leisten. Einstweilen haben Mecklenburg und die Hansestädte indem noch ihre besonderen Münzsysteme, abgesehen von den Taxen der Post- und Telegraphen-Verwaltung und der Anwendung des Zolltarifs und sonstigen gemeinschaftlichen Verbrauchsabgaben, für welches alles das preussische Münzsystem maassgebend ist.

Gegenwärtig (im Mai 1869) bestehen in Deutschland neben einander noch folgende Münzsysteme:

1. Im Preussischen Staate mit Ausschluss der hohenzollernschen Lande,*) in Lauenburg, Anhalt, Oldenburg, Sachsen-Weimar, Schwarzburg-Sondershausen; Schwarzburg-Rudolstadt, Unterherrschaft; in Waldeck, in den Reussischen Fürstenthümern, Schaumburg-Lippe, Lippe

    der Dreissigthalerfuss (30 Thaler ein Zollpfund feines Silber enthaltend), der Thaler in 30 Groschen, der Groschen in 12 Pfennige getheilt.

2. Im Königreich Sachsen, in Sachsen-Gotha, Sachsen-Altenburg, Braunschweig

    der Dreissigthalerfuss, der Thaler eingetheilt in 30 Groschen à 10 Pfennige.

3. In Mecklenburg-Schwerin und Mecklenburg-Strelitz

    der Dreissigthalerfuss, der Thaler eingetheilt in 48 Schillinge à 12 Pfennige.

4. In Hamburg **) und Lübeck

    der Dreissigthalerfuss (Fünfundsiebenzigmarkfuss), der Thaler getheilt in 2½ Mark Courant oder in 40 Schillinge à 12 Pfennige.

5. In Hamburg besteht für den Grosshandel sowie für den grössten Theil des Hypothekwesens und der Staatsschulden eine auf Feinsilber in Barren begründete besondere Hamburger Bankvaluta, 59⅓ Mark auf das Zollpfund Feinsilber.

6. In Bremen

    die Thaler-Goldwährung, der Louisd'or oder die Pistole, mindestens $\frac{1}{64}$ Pfund Feingold enthaltend, gerechnet zu 5 Thaler und der Thaler getheilt in 72 Grot à 5 Schwaren.

7. In Bayern, Württemberg, Baden, im Grossherzogthum Hessen, in den Hohenzollernschen Landen, Sachsen-Meiningen, Sachsen-Coburg; Schwarzburg-Rudolstadt, Oberherrschaft

    der Süddeutsche Münzfuss, 52½ Gulden ein Pfund Feinsilber enthaltend, der Gulden getheilt in 60 Kreuzer.

Als Ergänzung des Wiener Münzvertrages haben die Süddeutschen Staaten am 7. August 1858 noch einen speciellen Vertrag unter sich abgeschlossen, worin insbesondere

---

*) Für Frankfurt a. M. und einige südliche Theile der Provinz Hessen ist einstweilen noch die Guldenrechnung im Privatverkehr gestattet, sowie dem Handelsstande von Altona und dessen Umgebung die Rechnung in Mark Banco. — In Schleswig-Holstein ist thatsächlich im Privatverkehr der Umlauf von dänischen Münzsorten sowie von hamburgischem und lübeckischem Courantgeld und Scheidemünze noch immer sehr vorwaltend.

**) Im hamburgischen Amte Ritzebüttel besteht die Rechnung nach Marken (Drittelthalern des Dreissigthalerfusses) à 10 Groschen à 10 Pfennige, also genau dasjenige Münzsystem, welches der erste deutsche Handelstag zu Heidelberg i. J. 1861 zur allgemeinen Einführung in Deutschland empfohlen hat.

wegen successiver Einziehung der sogenannten Kronenthaler und des Uebermaasses von älteren Sechs- und Dreikreuzerstücken Verabredungen getroffen wurden.

Was den gegenwärtigen thatsächlichen Münzumlauf in Deutschland betrifft, so ist nicht möglich, hierüber etwas Anderes vorzulegen als höchst gewagte annähernde Schätzungen. Allerdings lassen sich von den Finanzverwaltungen die genauesten Angaben über die während bestimmter Zeiträume stattgehabten inländischen Ausmünzungen und Einziehungen der betreffenden Münzsorten mittheilen, allein was von den emittirten Goldmünzen und groben Silber-Courantmünzen durch Private eingeschmolzen oder was davon in Münzform nach dem Auslande exportirt worden, was an Münze, namentlich Scheidemünze, auf die eine oder andere Weise verloren gegangen, welche Beträge ausländischer Münzen dagegen zur Zeit sich im Lande im Umlauf befinden, alles dieses entzieht sich jeder sicheren Ermittlung. Nach den vom Bundes-Kanzleramt dem Bundesrath im Februar 1869 vorgelegten „Uebersichten über die in den Staaten des Norddeutschen Bundes stattgehabten Ausprägungen und Einziehungen von Gold-, Silber- und Kupfer-Münzen" sind die Hauptziffern:

	Ausprägungen.			Einziehungen.			Ueberschuss der Ausprägungen über die Einziehungen.		
	Rthlr.	Sgr.	₰	Rthlr.	Sgr.	₰	Rthlr.	Sgr.	₰
Goldmünzen	175,726,386	11	1	2,506,535	24	—	173,219,850	17	1
Silber-Courantmünzen	498,049,070	4	6	55,901,698	19	2	442,147,371	15	4
Silber-Scheidemünzen	17,817,066	25	—	3,415,497	6	10	14,401,569	18	2
Kupfermünzen	2,730,547	26	9	99,776	18	9	2,630,771	8	—
Zusammen *)	694,323,071	7	4	61,923,508	8	9	632,395,422	28	7

Hinsichtlich der Ausprägungen der Süddeutschen Staaten während der Jahre 1837 bis 1866 incl. finden wir in einer Schrift des Herrn Bergrath F. Xeller folgende Resultate angegeben:

	Staaten des süddeutschen Münzfusses (also auch Hessen-Darmstadt, Nassau, Frankfurt etc.)	Bayern, Württemberg und Baden.
Gold	2,802,520 fl. 39 Kr.	2,514,709 fl. (1,436,976 ℳ)
Zweithaler- und Einthalerstücke	97,390,079 „ 15 „	63,386,203 „ (36,220,687 „)
Guldenmünzen	117,863,932 „ 30 „	102,915,153 „ (58,808,659 „)
Scheidemünzen in Silber	6,148,597 „ 37 „	4,224,387 „ (2,413,935 „)
Scheidemünzen in Kupfer	922,829 „ 55 „	719,675 „ (411,243 „)
Zusammen	225,127,959 fl. 56 Kr.	173,760,127 fl. (99,291,500 ℳ)

*) In dem officiellen Abdruck sind durch unrichtige Addition die Gesammtsummen auf 894.323,071 ℳ 7 Sgr. 4 ₰ und resp. 532,395,422 ℳ 28 Sgr. 7 ₰ angegeben. — Die Ausmünzungen der zum Norddeutschen Bunde gehörigen Staaten, wo noch der süddeutsche Guldenfuss gilt, und der gegenwärtig mit dem Preussischen Staate verbundenen Territorien, in welchen bis 1866 ebenfalls nach dem süddeutschen Münzfusse geprägt wurde, sind in der Zusammenstellung der norddeutschen Ausmünzungen mit einbegriffen und daher bei der folgenden Uebersicht der gesammten süddeutschen Ausmünzungen in Abzug zu bringen. Nur die bayrischen, württembergischen und badischen Ausmünzungen sind mit den obigen Summen zusammenzulegen.

Von den alten Kronenthalern wurden von den Süddeutschen Regierungen in den 3 Jahren 1845—47 im Ganzen 12 Millionen Gulden eingezogen, in den darauf folgenden nächsten Jahren jährlich 2 Millionen Gulden. Durch den Münzvertrag vom 7. August 1858 ward sodann für die Jahre 1859 bis 1863 incl. eine jährliche Einziehung jener Münzsorte von 4 Millionen, und von da an von 2 Millionen Gulden bestimmt.

An älterer Scheidemünze sollten nach demselben Vertrage in den ersten 5 Jahren nach dem ersten Januar 1859 jährlich 400,000 Gulden eingezogen werden.

Rechnet man den officiell nachgewiesenen Betrag sämmtlicher Ausprägungen der noch umlaufenden deutschen Münzsorten, nach Abzug der Einziehungen, zusammen, welcher Betrag noch cirkuliren könnte, so erhält man, Alles auf Thalerwerth reduzirt und abgerundet, folgende Summen:

an Goldmünze........ ca. 174,700,000 ℳ
„ Silber-Courantmünze „ 537,300.000 „ } 732,000,000 ℳ,
„ Scheidemünze ..... „ 20,000,000 „

oder als Durchschnitt pro Kopf der Bevölkerung als mögliches Maximum einheimischer Münze nahezu 20 ℳ.

Es ist jedoch unzweifelhaft, dass hiervon, wie oben angedeutet, sehr bedeutende Summen in Abzug zu bringen sind für die Beträge, welche im Laufe der Zeit von Privatpersonen im Lande selbst eingeschmolzen oder ins Ausland exportirt sind, um dort meistens eingeschmolzen zu werden, oder die sonst auf die eine oder andere Weise verloren gegangen oder doch dem Umlaufe dauernd entzogen sind.

Insbesondere lässt sich in Bezug auf die Goldmünzen mit voller Zuversicht behaupten, dass von dem ursprünglich emittirten Betrage derselben nur noch ein verhältnissmässig sehr unbedeutender Theil vorhanden ist. Derselbe besteht vornämlich aus preussischen Friedrichsd'or, welche durch die ihnen zugesicherte Annahme bei den preussischen öffentlichen Kassen zum festen Satze von 5⅔ Thaler Courant gegen Einschmelzen für Privatrechnung geschützt sind und gewissermaassen ein goldenes Creditgeld bilden.

Der grösste Theil der ausgeprägten und noch vorhandenen Gold-Kronen findet sich in der Bremer Bank, und dient dort als baares Deckungsmittel für die cirkulirenden Noten dieser Bank.

Von der emittirten Scheidemünze ist erfahrungsmässig ein nicht unbeträchtlicher Theil verloren gegangen, wenn auch die Annahme des Herrn Xeller, dass für die 6- und 3-Kreuzerstücke in Süddeutschland jährlich etwa 1 Procent des davon umlaufenden Quantums als in Abgang kommend zu rechnen sei, vielleicht zu hoch gegriffen sein möchte.

Der Wiener Münzvertrag hat die Grenze der Scheidemünz-Cirkulation auf ⅚ Thaler pr. Kopf bestimmt. In Norddeutschland dürfte dieser Betrag nicht erreicht werden und der gegenwärtige Scheidemünz-Vorrath wohl kaum höher als bis 15 Sgr. pr. Kopf der Bevölkerung zu veranschlagen sein. Für Süddeutschland hingegen veranschlagt Herr Xeller den jetzigen Umlauf der Scheidemünze bei einer Bevölkerung von ca. 10½ Millionen Einwohner auf etwa 22 Millionen Gulden oder auf etwas über 2 Gulden oder 1⅐ Thaler pro Kopf.

Bei der Schätzung der Münzcirkulation an Courantgeld und subsidiären Goldmünzen ist mit in Anschlag zu bringen, dass, während allerdings von Zeit zu Zeit grosse Summen von älterem vollhaltigen und neuem groben Silbergeld eingeschmolzen sind, namentlich wenn in Hamburg der Cours der preussischen Thaler gegen Bankgeld dauernd erheblich schlechter als 152 stand, und sich somit der Vorrath an einheimischem Courantgeld nicht ganz wenig verringert hat, andererseits die österreichischen Ausmünzungen von Thaler- und Viertelgulden- (5-Groschen) Stücken zum grössten Theil nach Deutschland abgeflossen und hier den Münzumlauf wesentlich vermehrt haben, wovon man sich fast bei jeder beträchtlichen Baarzahlung durch die dabei gewöhnlich vorkommende Menge Stücke österreichischen Gepräges überzeugen kann. Von 1857 bis Ende 1867 ist in Oesterreich an Silber-Courantmünze ein Werth von 200,632,041 1/4 österr. Gulden geprägt worden.

Ausserdem cirkulirt in Deutschland ein bedeutender Betrag von französischen Zwanzig-Frankenstücken und von anderen fremden Münzsorten. Von den früheren s. g. Kronenthalern ist ebenfalls, trotz der oben bereits erwähnten massenhaften Einziehungen derselben auf Kosten der Süddeutschen Staaten, noch immer eine beträchtliche Summe im Umlauf.

Soll unter Erwägung dieser und sonstiger noch in Betracht kommender Umstände eine gewagte annähernde Schätzung des gegenwärtigen Münzumlaufs in Deutschland versucht werden, wobei natürlich die Baarvorräthe der Banken mit zu berücksichtigen sind, so glauben wir uns von der Wirklichkeit nicht weit zu entfernen, wenn wir den jetzigen gesammten Münzvorrath in Deutschland auf den Werth von etwa 480 Millionen Thaler veranschlagen, worunter ungefähr 30 bis 35 Millionen Thaler Scheidemünze — oder durchschnittlich pro Kopf der Bevölkerung berechnet auf überhaupt 12 bis 15 Thaler, darunter nahezu 1 Thaler an Scheidemünze.

Zur Vergleichung werden Notizen über einige in neuerer Zeit versuchte Schätzungen des Münzumlaufes in anderen Ländern von Interesse sein.

Für die Niederlande wird der Münzvorrath, wie er sich nach den neuen Ausmünzungen seit der dortigen vollständigen Münzreform leichter und sicherer als in den meisten anderen Staaten schätzen lässt, auf etwa 25 Thaler, worunter etwa 1 1/2 Thaler Scheidemünze, pro Kopf veranschlagt.

Für Grossbritannien und Irland wird von Herrn Professor Jevons der Maximalbetrag der Goldcirkulation auf 80 Millionen £ (davon ca. 68 Millionen £ in ganzen und 12 Millionen £ in halben Sovereigns) geschätzt, jedoch mit dem Bemerken, dass in Wirklichkeit sich der Umlauf niedriger stellen möchte, vielleicht nicht viel über 70 Millionen £. Für die umlaufende Scheidemünze, wozu selbstverständlich wegen der gesetzlichen alleinigen Goldwährung alles Silbergeld zu rechnen ist, werden von demselben 14 Millionen £ in Silber und etwa 1 Million £ in Kupfer angenommen. Auf den Kopf der Bevölkerung im Vereinigten Königreich würde ein durchschnittlicher Münzumlauf von nahezu 20 Thaler (3 £) kommen, nämlich etwa 15 1/2 Thaler Goldmünze und 4 1/2 Thaler Scheidemünze. Diese Aufstellung ist von besonderem Interesse, weil dadurch ein gewisser Anhaltspunkt gegeben zu sein scheint für die ungefähre Schätzung des in einem Lande, nach dessen Uebergang zur alleinigen Goldwährung, nothwendig verbleibenden Silbergeldes.

Ueber den Münzumlauf in Frankreich gehen die Schätzungen sehr weit auseinander. Die dort stattgefundenen enormen Ausmünzungen geben eine sehr unsichere Grundlage für solche Schätzungen, weil die benachbarten Länder, namentlich diejenigen wo das französische Münzsystem angenommen ist, daneben aber auch andere Grenzstaaten, einen bedeutenden Theil der in Frankreich geprägten Münzen an sich gezogen haben und beständig zu ihrer Cirkulation gebrauchen, und weil ferner der bei weitem grössere Theil der silbernen Fünffrankenstücke wieder eingeschmolzen und exportirt ist. Für die vor 1825 gemünzten Stücke geschah es des darin mitenthaltenen Goldes wegen, seit 1850 aber in Folge der Doppelwährung, wodurch sich für viele Hunderte von Millionen Francs die Substituirung des Goldes an die Stelle des Silbers vollzog. Frankreich ist übrigens anerkannt eines der Länder, welche jetzt verhältnissmässig den grössten Münzvorrath bewahren, wozu vornämlich die Gewohnheit der dortigen ländlichen Bevölkerung baares Geld aufzusparen und die Beschränkung der dortigen Papiergold-Cirkulation in kleinen Appoints wesentlich eingewirkt hat. Die Annahme eines Münzvorraths in Frankreich (mit Einschluss der Baarvorräthe der Bank von Frankreich) zu ungefähr 4 bis 5 Milliarden Franken, worunter etwa 1 Milliarde in Silbermünze, dürfte nicht zu hoch sein, und würde hiernach der dortige durchschnittliche Münzumlauf pro Kopf der Bevölkerung auf nicht viel unter 30 Thaler zu schätzen sein, also ungefähr das Doppelte dessen, was wir für den durchschnittlichen Münzvorrath in Deutschland annehmen zu sollen geglaubt haben. —

Schliesslich wollen wir noch der Papiergeld- und Banknoten-Cirkulation in Deutschland wenigstens beiläufig gedenken, weil dieselbe keinen unwichtigen Factor für die Beurtheilung der deutschen Münzfrage abgiebt. Zu Anfang des Jahres 1869 betrug die Notencirkulation von 28 Bankinstituten in Norddeutschland ca. 209 Millionen Thaler, wogegen ca. 125 Millionen Thaler Baarvorräthe vorhanden waren, so dass der durch Metallgeld nicht gedeckte Notenumlauf sich auf etwa 84 Mill. Thaler belief. Rechnet man hierzu ferner noch die ungedeckte Banknoten-Cirkulation in Süddeutschland und das von verschiedenen Staaten in ganz Deutschland emittirte und umlaufende Staatspapiergeld, so wird man für alles dies im Ganzen, rund gerechnet, vielleicht etwa 120 Millionen Thaler an Geldumlaufsmitteln annehmen dürfen, wonach sich der durchschnittliche Betrag an Münze und ungedecktem Papiergeld pro Kopf der Bevölkerung in Deutschland zusammen auf 16 bis 18 Thaler veranschlagen lässt.

II.

Mängel und Unzuträglichkeiten in dem Deutschen Münzwesen.

Vergegenwärtigt man sich die unsichern und bunten Münzzustände, wie sie früher und selbst noch in den zwei oder drei ersten Decennien dieses Jahrhunderts in Deutschland bestanden, müssen die jetzigen Münzverhältnisse als ganz befriedigend erscheinen, und erklärt es sich hieraus, dass das Verlangen nach weitern Reformen nicht so allgemein und so intensiv sich kund giebt, wie anderenfalls zu erwarten wäre. Der deutsche Zoll- und Handels-Verein, wie er sonst ausser seinen unmittelbaren Zwecken andere gemeinsame wirthschaftliche Interessen in Deutschland erfolgreich gefördert hat, ist auch für das einheitliche deutsche Münzwesen von wesentlicher Bedeutung geworden, indem er zu der Dresdener Münzconvention von 1838 Veranlassung gab. Durch diese Convention wurde der Wiederkehr der schlimmsten Münzwirren gründlich vorgebeugt und für die süddeutsche Gulden und Kreuzer-Rechnung wie für die norddeutsche Thaler- und Groschen-Rechnung in dem identischen 2-Thaler- und

3 ¹/₂-Gulden-Stück eine übereinstimmende Grundlage gefunden. Alsdann hat der Wiener Münzvertrag vom 24. Januar 1857 durch eine Reihe zweckentsprechender gleichmässiger Bestimmungen für die Aufrechthaltung eines soliden Münzwesens in manchen Einzelheiten trefflich gesorgt.

Allein bei aller Anerkennung der guten Seiten der jetzigen deutschen Münzzustände, im Vergleich mit den früheren Münzwirren, ist das Bedürfniss einer durchgreifenden Umgestaltung jetzt wiederum sehr fühlbar und in neuester Zeit immer dringender geworden. Bei den ausserordentlichen Fortschritten, welche auf fast allen Gebieten und in allen Richtungen der wirthschaftlichen nationalen Interessen gemacht sind, fordern die noch übrig gebliebenen Mängel und Unzuträglichkeiten im deutschen Münzwesen um so nachdrücklicher eine Abhülfe.

1. Wie im ersten Abschnitt nachgewiesen, bestehen zur Zeit in Deutschland noch sieben verschiedene Münz- und Rechnungs-Systeme. Der Dreissig-Thalerfuss als solcher ist freilich entschieden vorherrschend, aber die abweichenden Theilungen des Thalers und des Groschens bieten auch hier für den gewöhnlichen Verkehr eine fast nicht mindere Unbequemlichkeit als die Verschiedenheit der Thaler- und Gulden-Rechnung, denn wir haben da, ausser dem principalen System der Thaler zu 30 Groschen à 12 ₰, den Thaler zu 40 ß à 12 ₰, den Thaler zu 48 ß à 12 ₰, und den Thaler zu 30 Neugroschen à 10 ₰. Wo der süddeutsche Gulden-Münzfuss gilt, besteht gleiche Theilung und Rechnung und durch das genaue Verhältniss von 4 Thalern gleich 7 Gulden ist, wie schon erwähnt, eine gewisse praktische Ausgleichung gegeben, allein die Reduction von 1 Thaler = 105 Kreuzer und 1 süddeutscher Gulden = 17 ¹/₇ Groschen ist augenscheinlich für die gegenseitigen Rechnungs-Beziehungen höchst irrationell und störend. Und wie lästig für den betheiligten Verkehr ist die ganz von den stets schwankenden Kursen abhängige Berechnung der Thaler und Gulden gegen Thaler Gold in Bremen und Mark Banco in Hamburg! Nur die Macht einer langen Gewohnheit, nur der Umstand, dass man es einmal nicht anders kennt und dass manche Geschäftsvermittler ihren besonderen Vortheil davon haben, erklären es, dass die Unzuträglichkeiten der Münzverschiedenheiten in Deutschland bisher geduldig ertragen wurden. Wie verkehrt und durch unzählige an sich unnütze Umrechnungen den Verkehr im Ganzen erschwerend die jetzigen deutschen Münzverschiedenheiten in Wirklichkeit sind, davon kann man sich wohl am einleuchtendsten überzeugen, wenn man sich in die Lage denkt, dass in Deutschland statt der sieben, etwa 30 unter sich abweichende Münzsysteme in den verschiedenen Staaten oder selbst grösseren Provinzen desselben Staates beständen. Würde ein solcher Zustand in einer sonst eng verbundenen volkswirthschaftlichen Gemeinschaft sich nicht als unerträglich und widersinnig herausstellen, der so bald als irgend möglich beseitigt werden sollte! Wenn dies aber bei 30 oder mehr Varietäten unzweifelhaft als der ärgste Uebelstand anerkannt wird, welcher triftige Grund wäre aufzufinden, weshalb die unnöthige Beibehaltung von sieben verschiedenen Münz-Systemen prinzipiell und selbst praktisch minder verkehrt sein sollte? Und was die Beziehungen des Binnenlandes zu dem nicht nur in der Theilung und Rechnungsweise, sondern in der Währung und der Grundlage abweichenden Münz- und Geldwesen in Hamburg und Bremen anlangt, so glauben wir diese Unzuträglichkeit, oder richtiger bezeichnet, diesen argen Uebelstand am besten darzulegen,

wenn wir einige Sätze aus einem Memorandum wiederholen, welches schon 1861 dem ersten deutschen Handelstage vorgelegen hat. Dort heisst es: „Die Anomalie besonderer und sogar unter sich wieder völlig verschiedener Währungen in den beiden deutschen Städten, welche den grössten Theil des überseeischen Verkehrs Deutschlands vermitteln, zeigt sich auf Einen Blick in ihrer ganzen Bedeutung, wenn man bedenkt, dass es jetzt kein einziges, grösseres oder kleineres, beim Weltverkehr betheiligtes Land mehr giebt, wo die natürlichen Export- und Import-Plätze ein vom Hinterland abweichendes selbstständiges Münz- und Geldwesen hätten, als nur Deutschland! In Rücksicht der internationalen Handelsbeziehungen stehen Hamburg und Bremen in ganz ähnlichem Verhältnisse zu Deutschland, wie Hâvre und Bordeaux zu Frankreich, — Liverpool und Glasgow zu Grossbritannien, — Newyork und Boston zu den Vereinigten Staaten. Man denke sich nun den Fall, dass in diesen Ländern Leute auftreten würden mit dem Vorschlage, in jenen Emporien eine andere Währung oder sonst ein anderes Münzsystem einzuführen als im Binnenlande, dass man z. B. in Bordeaux und Hâvre nicht mehr nach Francs, sondern nach Dekagramm Fein-Silber, in Liverpool und Glasgow nicht mehr nach Pfund und Schilling Sterling, sondern nach Unzen Fein-Gold und beziehentlich nach einer besonderen Silbermünze rechnen und zahlen solle! Welches Urtheil würde man wohl in Frankreich und England über solche Projecte fällen? Man würde sie ohne Zweifel als handgreiflichen Unsinn keiner Beachtung oder besonderen Widerlegung werth erachten, denn jedem Nachdenkenden würde sofort von selbst einleuchten, dass es für ein nach dem Auslande viel exportirendes und von dort viel importirendes Land im Ganzen nicht den mindesten Vortheil, wohl aber unzählige Weitläufigkeiten und unnöthige Belästigungen mit sich führen müsse, wenn an den Vermittlungsplätzen dieses Verkehrs alle darauf bezüglichen Geldtransactionen erst Umwechselung oder Umrechnung erfahren sollten. Wenn aber die eventuelle Einführung einer gewissen Einrichtung sich auf den ersten Blick als so überaus unverständig und gemeinschädlich darstellt, muss dann nicht auch die Beseitigung einer solchen noch bestehenden Einrichtung unter ganz ähnlichen Umständen sich auf's Dringendste empfehlen?"

Welche Unzuträglichkeiten in der täglichen Praxis, namentlich in Süddeutschland, die gegenwärtigen zersplitterten Deutschen Münzzustände mit sich führen und wie höchst wünschenswerth, abgesehen von allen sonstigen Rücksichten, schon aus diesem Grunde die baldigste einheitliche Münzreform in Deutschland erscheint, spricht sich deutlich aus in nachstehenden Auszügen aus dem „Jahresbericht der Handels- und Gewerbekammern in Württemberg für das Jahr 1867," woselbst es u. A. heisst:

„Eine in letzter Zeit angestellte Erhebung von 115 Kassenbeständen ergab folgendes Verhältniss der Umlaufsmittel.

Silbergeld: 30.44 %. — Goldgeld 31 %. — Papiergeld 38.34 %."

„Was die Silbermünzen betrifft, so curriren sie in allen möglichen Währungen, alten und neuen. Man begegnet, neben süddeutschen und österreichischen Gulden und norddeutschen Thalern mit allen ihren Unterabtheilungen, auch manchen längst verrufenen Sorten, ganzen und halben Kronenthalern und Sechsbätznern, Conventionsthalern und bayerischen Laubthalern; sodann längst nicht mehr geprägten Sorten, wie die badischen 1 fl. 40 kr.-Stücken; ferner Franken in 5, 2, 1, ½ und ¼-Stücken, holländischem, englischem und amerikanischem Silbergeld. Unter der Scheidemünze befinden sich Stücke mit völlig verschwundenem Gepräge aus längst erloschenen Münzherrschaften. Es wird versichert, dass kaum die Hälfte der circulirenden 6 und 3 kr.-Rollen geöffnet werden könne, ohne dass sich ein Manco vorfinde. — Da die öffentlichen Kassen nur gewisse Sorten von Silber- und Papiergeld, Goldmünzen nur zu einem niedrigeren Kurse als im Privatverkehr annehmen, so halten einzelne Kassen stets einen gewissen Vorrath von Silbergeld zurück, um Zahlungen theils an die Regierung, theils an ihre Arbeiter machen zu können. Eine Firma bemerkt ausdrücklich, dass sie, „aus besonderer Vorliebe" immer eine grössere Summe Silbergeld parat halte (zur Zeit der Aufnahme betrug dasselbe 66% ihres Gesammtfonds, darunter nahezu die Hälfte in 2 fl.-Stücken und in Vereins- und preussischen Thalern)". —

„In den ermittelten 115 Kassen finden sich die 30.68% Silbermünze in Scheidemünze mit ca. 11, in süddeutschen Gulden mit 37, in österreichischen Gulden mit 15, in preussischen und Vereinsthalern mit 33, in diversen ausländischen Sorten mit 4% vertreten.

Als Goldmünzen circuliren Napoleons-, Friedrichsd'or, Pistolen, österreichische, holländische, württembergische, badische, hessische und verschiedene alte (viel beschnittene) Dukaten, Kronen, Guineen, Dollars, russische Imperialen und diverse alte Goldmünzen. Missbräuchlicher Weise läuft der Friedrichs'dor in einem Curs von 10 fl. um, was das Einströmen dieser Sorte nur begünstigen kann.

Das durchschnittliche Verhältniss der 31% Goldsorten in den aufgeführten Kassen beträgt annähernd: Napoleonsd'or 46%, Friedrichsd'or 38%, Pistolen 4%, württembergische Dukaten 2%, diverse Goldsorten 10%.

Als Papiergeld circulirt das sämmtliche Staatspapiergeld der deutschen Staaten, die Noten der süd- und norddeutschen Banken und Corporationen; dazu Coupons von Staats-, Corporations- und Privatobligationen und Industriepapieren.

Von dem Papiergeld im 52½ fl.-Fuss ist das württembergische, bayerische, badische, grossh. hessische und nassauische Staatspapiergeld im Umlauf und wird dieses bei den öffentlichen Kassen angenommen; die Banknoten in diesem Münzfusse sind diejenigen der Frankfurter und Darmstädter Bank und die bayerischen Hypodekenscheine.

Als Papiergeld im 30 Thalerfuss circuliren nachstehende Sorten: preussische, kurhessische und sächsische Kassenscheine; Noten der preussischen, sächsischen, hannover'schen, Leipziger, Geraer, Gothaer, Königsberger, Lübecker, Thüringer, Meininger, Dessauer, Bückeburger, Bauzener, Chemnitzer, Braunschweiger, Cölner, Luxemburger, Posener, Breslauer, Anhalter, Schaumburger, Weimarer, Lausitzer, Waldecker u. s. w. Banken.

Hiezu kommen österreichische, französische, holländische, englische, amerikanische Banknoten."

„Ein oberflächlicher Blick auf die eben geschilderten Kassenverhältnisse reicht hin, um den traurigen Zustand nicht nur unseres, sondern des ganzen zollvereinsländischen Geldwesens mit Einemmale zu übersehauen, die constanten Klagen unserer Handel- und Gewerbetreibenden berechtigt zu finden und ihre Sehnsucht nach einer durchgreifenden Abänderung dieses Zustandes und nach Beseitigung der damit verbundenen Uebelstände zu begreifen."

Zur Veranschaulichung der Unzuträglichkeiten der Verschiedenheit der Münzsysteme möge noch eine beispielsweise Erläuterung erwähnt werden. Hätten in Deutschland die verschiedenen Eisenbahnen von einander abweichende Spurweiten, so wäre die natürliche Folge, dass dort, wo die Waaren von einer Bahn auf die andere übergehen, jedesmal die Waaren umgeladen werden müssten. Der Verkehr an sich wäre dadurch nicht verhindert, es würden nur mehr Wagen und Arbeitskräfte gebraucht und an den Uebergangsstationen sich ein lebhafter Verkehr bilden, der mancherlei Gewinn für einzelne Speditionsgeschäfte abwürfe. Diese partiellen Vortheile würden jedoch offenbar weit überwogen durch den Nachtheil, den die Gesammtheit aus solcher unnöthigen und unproduktiven Zeit- und Arbeitsvergeudung, aus der Vertheuerung des Transportes durch das wiederholte Umladen u. s. erleiden müsste. Analog sind die in jedem einzelnen Falle nicht sehr empfindlichen, bei der enormen Häufigkeit der Fälle im Ganzen aber nicht gering anzuschlagenden Erschwerungen, welche das nationale wirthschaftliche Interesse Deutschlands durch das Fortbestehen der abweichenden Thaler- und Gulden-Rechnung, sowie der verschiedenen Währungen und Rechnungseinheiten im Binnenland und in den Haupt-Seeplätzen täglich erfährt. Die Gleichgültigkeit gegen diese Unzuträglichkeit erklärt sich, wie gesagt, nur durch die Gewohnheit und durch Unkenntniss der Vortheile eines einheitlichen Münzwesens; nach hergestellter Münzeinheit Deutschlands wird es unbegreiflich erscheinen, wie man solche Missverhältnisse so lange mit Indolenz habe ertragen können. —

2. Ein anderer Mangel der gegenwärtigen deutschen Münzzustände ist die Entbehrung eines durchgeführten Decimalsystems. Die Königlich Sächsische Regierung hat bereits bei den Verhandlungen über die Dresdener Münzübereinkunft v. 1838 diesen wichtigen Fortschritt im Auge gehabt, welcher, unter Beibehaltung des Thalerstücks als Hauptmünzsorte, durch Annahme des Drittelthalers als Rechnungseinheit, mit Theilung desselben in 10 Groschen à 10 Pfennige, ohne besondere Schwierigkeit schon damals für Deutschland hätte erreicht werden können. Der Plan erhielt leider nicht die wünschenswerthe Zustimmung, und die Sächsische Regierung musste sich darauf beschränken, ihn durch die vorbehaltene fernere Ausprägung von Drittelthalern oder Zehngroschenstücken und Einführung der Zehntheilung des Groschens der Zukunft vorzubehalten.

Die Vorzüge des Decimalsystems im Münzwesen sind so von selbst einleuchtend und jetzt so allgemein anerkannt, dass sie einer Erörterung kaum noch bedürfen. Schon vor nahezu 300 Jahren (i. J. 1583) bemerkte Simon Stevin aus Brügge: es ist sicher, dass, wenn auch für jetzt die Decimalrechnung noch nicht in's Werk gesetzt wird, doch künftig die Menschen, falls sie dieselbe Natur behalten, nicht immer so nachlässig gegen ihren Vortheil bleiben werden, um diesem Fortschritte zu entsagen. Diese Prophezeihung ist für Deutschland trotz seiner sonstigen Kulturentwickelung noch unerfüllt geblieben, hat sich aber im Uebrigen glänzend bewährt. In Frankreich, Italien, der Schweiz, Belgien, Holland, Russland, den Vereinigten Staaten und anderen Ländern ist das Decimalsystem beim Münzwesen seit längerer Zeit in voller Anwendung, und nirgends hat sich dort, wo es einmal eingeführt worden, der leiseste Wunsch zu erkennen gegeben, dasselbe wieder zu verlassen. Einen schlagenden Beleg, wie zusagend die Decimaltheilung der Münzen selbst der Masse der Bevölkerung ist, liefert die Leichtigkeit und Raschheit, mit der i. J. 1857 in Oesterreich die Theilung des Guldens in 100 Kreuzer statt der bisherigen Sechzig-Theilung eingeführt worden ist. Es dürfte fast unmöglich sein, sich eine ausreichende Vorstellung zu machen von dem Werth der Zeit- und Mühe-Ersparniss, welche für eine Bevölkerung von über 38 Millionen Menschen alltäglich erzielt werden wird, wenn den in allen Verhältnissen vorkommenden unzähligen schriftlichen Geldberechnungen die Abkürzung mittelst eines strengen Decimalsystems zu Gute kommt. Wie bei der Münzeinheit, wird es auch beim Decimalsystem geschehen, dass man nach Durchführung der Reform nicht begreifen wird, wie die deutsche Nation solchen Vortheil sich so lange habe versagen können!

Dabei wird es übrigens näherer Erwägung vorbehalten bleiben dürfen, ob die Einführung des Decimalsystems auch noch auf die Theilung der gewöhnlichen kleinsten Münz- und Rechnungseinheit auszudehnen, da im Münzwesen die Principienkonsequenz leicht übertrieben werden kann und grade hier auch praktische Rücksichten ihr Recht behaupten müssen. Sollte z. B. für das künftige deutsche Münzwesen eine dem französischen Fünffrankenstück oder dem amerikanischen Dollar an Werth gleichkommende Haupt-Rechnungs-Einheit mit Theilung in 100 Schilling angenommen werden, so wird es vermuthlich, ohne alle Beeinträchtigung der sonstigen Decimalrechnung, thunlich sein, für den kleinen täglichen Verkehr, wo schriftliche Rechnungen sehr wenig vorzukommen pflegen, solchen Schilling in Hälften und Viertel, statt in Zehntel zu theilen. Hierdurch möchte der einzige beachtenswerthe Einwand gegen Einführung des Decimal-Münzsystems gehoben werden.

3. Die dritte wesentliche Unzuträglichkeit im jetzigen deutschen Münzwesen ist die Entbehrung der Goldcirkulation, und hierauf werden wir allerdings eine eingehendere Erörterung zu wenden haben, als bei den eben besprochenen motivirenden Gesichtspunkten — Münzeinheit und Decimalsystem — deren Richtigkeit und Wichtigkeit so zu sagen von selbst einleuchtet, erforderlich erschien.

Die allgemeinen Vorzüge der Goldwährung sind schon oft besprochen und haben mehr und mehr Anerkennung gefunden, so dass hierüber eine kurze Hinweisung genügen dürfte. Als J. G. Hoffmann vor dreissig Jahren in seiner vortrefflichen Schrift „Die Lehre vom Gelde" (Berlin, 1838) „den Uebergang von der Silberwährung zur Rechnung und Zahlung in Goldwerthen als das alleinige sichere Mittel zur Begründung eines haltbaren Münzwesens in Deutschland" nachdrücklichst empfahl, wurden von ihm hauptsächlich folgende Gesichtspunkte hervorgehoben. Gold genügt am meisten den Forderungen, welche an ein allgemeines Maass der Dinge gemacht werden. Die Kostbarkeit des Goldes macht es möglich, dasselbe überall rein zu erhalten, denn die Scheidungskosten sind unbedeutend gegen den Werth des geschiedenen Metalls, und befördert zugleich die Erhaltung des Goldes, denn es geht davon beinahe nichts anderes verloren, als durch unmerkliche Abnutzung, und auch die kleinsten Theilchen Gold werden überall sorgfältig aufgesucht und aufbewahrt, wozu die Unzerstörbarkeit des Goldes wesentlich hilft. Indem hierdurch der einmal vorhandene Goldvorrath dauernd im Besitze der Menschen bleibt, bewirkt eine zeitweilige grössere oder geringere Goldgewinnung weder einen lästigen Ueberfluss, noch empfindlichen Mangel, sondern nur in längeren Zeiträumen kann sich eine wesentliche Veränderung im allgemeinen Goldvorrath bemerkbar machen. Die Kostbarkeit des Goldes erleichtert ferner seine Versendung aus den entferntesten Gegenden, da die Transportkosten äusserst gering sind im Vergleich mit dem Werthe des zugeführten Metalls, wodurch die beständige Ausgleichung des Werths desselben befördert wird. Ausserdem liegt ein entscheidender praktischer Grund für den Gebrauch des Goldes als Maass aller Werthe und als Tauschmittel im Grosshandel in dem Umstande, dass Gold mit sehr viel geringeren Kosten als Silber zu Münzen verarbeitet werden kann und dass dieser Vorzug der Goldwährung in den Stand setzt, mit grösserer Leichtigkeit den durchschnittlichen effectiven Werth der umlaufenden Courantmünzen mit dem gesetzlichen Münzfuss in Uebereinstimmung zu erhalten und so eine dauerhafte Ordnung des Münzwesens zu sichern. Bei den Goldmünzen geht aus verschiedenen Gründen die durchschnittliche Abnutzung langsamer von Statten als beim Silbergelde, und Goldmünzen werden, weil ihre Ausprägung, ungeachtet der genaueren Justirung der einzelnen Stücke, etwa nur ein Fünftel bis ein Viertel der Kosten der Silberausmünzung beträgt, viel häufiger eingeschmolzen und umgeprägt. —

Wie einleuchtend diese allgemeinen Vorzüge der Goldwährung auch an und für sich sein mögen, so erscheinen sie doch unzureichend, irgend einen Staat, wo die reine Silberwährung besteht und das Münzwesen sich noch in leidlich gutem Zustande befindet, zu bestimmen, zur Goldwährung überzugehen, wenn nicht noch andere dringende Motive hinzutreten; denn die mit solcher Veränderung verbundenen Schwierigkeiten und Bedenken sind so viele und so gross, dass man einen solchen Schritt möglichst aufschiebt. Es ist daher zu untersuchen, ob gegenwärtig noch specielle Motive für Deutschland zum Verlassen der Silberwährung gegeben sind.

Dies ist nun thatsächlich der Fall, und zwar durch die theilweise schon eingetretene und demnächst noch mehr zu erwartende Isolirung der Silberwährung und sodann durch die Eventualität einer progressiven Werthverringerung des Silbers.

Diejenigen Länder Europas, in denen gegenwärtig die alleinige Silberwährung gilt und Goldmünze nur als subsidiäres Zahlungsmittel oder als Handelsmünze in Anwendung ist, sind Deutschland, die Niederlande und die Skandinavischen Reiche; in allen übrigen Ländern gilt entweder die alleinige Goldwährung, oder die sogenannte Doppelwährung mit vorwiegender Tendenz zur thatsächlichen Goldwährung, oder auch eine Papiervaluta, bei der es aber ebenfalls die Goldwährung ist, welche für die früher oder später eintretende Rückkehr zu Baarzahlungen in Aussicht genommen ist. Vergegenwärtigt man sich hierbei die Verhandlungen, welche dem Abschlusse des Münzvertrags vom 23. December 1865 vorangingen, wo Belgien, die Schweiz und Italien schon die Anerkennung der alleinigen Goldwährung forderten und nur Frankreichs Widerspruch dieselbe hinderte, sodann die Vorgänge auf den internationalen Münzkonferenzen zu Paris von 1867 und den im März dieses Jahres erstatteten Bericht der von der französischen Regierung eigens zur Prüfung der Frage wegen Beseitigung der Doppelwährung niedergesetzten Kommission, so kann kaum ein Zweifel darüber bleiben, dass sämmtliche Staaten, wo augenblicklich die Doppelwährung noch gesetzliche Geltung hat, sehr bald die alleinige Goldwährung einführen werden. Der Verfasser der vorliegenden Denkschrift wurde 1851 und in den darauf folgenden Jahren von manchen Seiten scharf getadelt, dass er bei Erörterung allgemeiner Münzverhältnisse beständig von einem Preise des Silbers, von dessen Steigen und Sinken spreche, das Gold also als den universellen, oder doch relativ vorwiegenden Werthmaassstab annehme, während umgekehrt Silber als das Feststehende und der Preis des Goldes in Silber ausgedrückt als steigend und sinkend hätte behandelt werden sollen; jetzt hingegen wird es von Allen, welche sich mit der Frage eingehender beschäftigen, als ganz selbstverständlich betrachtet werden, dass zur Beurtheilung der Werthrelation der Edelmetalle lediglich der Preis des Silbers in London eine sichere und genaue Norm abgebe. In diesem Vorgange giebt sich deutlich zu erkennen, wie in der allgemeinen Meinung der Menschen und im grossen internationalen Verkehr jetzt das Gold entschieden die Rolle des universellen Werthmaassstabes erlangt hat, welche bis etwa 1850 dem Silber zukam. Ein Land wie Deutschland, dessen Betheiligung am Welthandel bereits eine früher ungeahnte Ausdehnung gewonnen hat und in progressiver erfreulicher Entwickelung begriffen ist, muss in den internationalen Geschäftsbeziehungen eine im Einzelnen nur wenig bemerkbare, bei der colossalen Menge der Transactionen aber im Ganzen wirksame Benachtheiligung erfahren, wenn es alle seine einschlagenden Umsätze nach Silber berechnet und ausgleicht, während England, die Vereinigten Staaten und Frankreich durchweg in Gold rechnen und zahlen. In diesen grossen Handelsstaaten und in noch vielen anderen Ländern wird Silber nur den Charakter einer Waare haben und die dortigen schwankenden Preise dieses Metalls müssen unmittelbar auf die Wechselcourse der Länder, die bei der isolirten Silberwährung beharren, eine Rückwirkung äussern, wodurch in die Geschäfte und internationalen Werthausgleichungen unnöthigerweise ein Element der Unsicherheit mehr hineingebracht wird.

Von nicht geringerer Wichtigkeit für die Würdigung der deutschen Münzzustände unter der Herrschaft der Silberwährung erscheint das Moment der Eventualität einer wesentlichen Werthverringerung des Silbers, sobald in Frankreich und seinen münzverbündeten Nachbarstaaten die Doppelwährung zu Gunsten alleiniger Goldwährung abgeschafft sein wird. Als nach Entdeckung und begonnener grossartiger Ausbeutung der Goldfelder in Kalifornien und Australien, bei gleichzeitiger Demonetisation des Goldes in Holland, die seit einigen Jahrzehnten bestandene Werthrelation der Edelmetalle um etwa 2—3 % sank, entstand mehrfach die Besorgniss, dass der Werth des Goldes in rascher Progression weiter sinken werde, und selbst in England und Frankreich wurden gewichtige Stimmen laut, welche dort wegen drohender unaufhaltsamer Entwerthung des Goldes den Uebergang zur alleinigen Silberwährung dringend empfohlen. Die Gefahr erschien um so evidenter, als gleichzeitig mit der enormen Zunahme der Goldgewinnung, die Silberverschiffung nach Indien und China ausserordentlich stieg und Jahre kamen, in denen nachweisbar aus England und den Häfen am Mittelmeer weit mehr Silber dahin versendet wurde, als die gesammte Jahresproduction von Silber nach den höchsten Schätzungen betrug. Es war in der That eine scharfe Probe für die Werthstabilität des Goldes, allein das Gold hat dieselbe siegreich bestanden. Verglichen mit dem durchschnittlichen Verhältniss in den Jahren 1821 bis 1848, ist die Werthrelation des Goldes zum Silber auf dem Weltmarkte niemals um mehr als höchstens bis 3½ % gesunken. Einen nicht gering anzuschlagenden Einfluss, um damals ein weiteres, wenn auch nur zeitweiliges höheres Steigen des Silberpreises zu verhindern, hat die französische Münzverfassung geäussert, nach welcher bekanntlich als gesetzliches Zahlungsmittel gelten sowohl Goldmünzen, 3444.44 Franken aus dem Kilogramm Gold, als auch Silbermünzen, 222.22 Franken aus dem Kilogramm Silber, gegen Erstattung der Münzkosten, geprägt. Dies hatte zur nothwendigen Folge, dass, sobald der Werth des

Goldes auf dem Weltmarkte nur wenig unter jene Norm von 15,58 sank, die guterhaltenen groben Silbermünzen massenhaft eingeschmolzen und dagegen Gold in colossalen Beträgen in Paris ausgemünzt wurde. Die französischen Goldausmünzungen von 1850—1868 haben den Betrag von 6000 Millionen Franken überstiegen, während gleichzeitig die Mehr-Ausfuhr des Silbers aus Frankreich nach den Deklarationen bei den Zollämtern sich auf nahezu 1500 Millionen Franken belaufen hat. Seit etwa 3 Jahren ist aber wieder ein Sinken des Silberpreises eingetreten. Während derselbe im Durchschnitt der Jahre 1851—1865 nahezu 61½ Pence per Standard Unze betrug (= 1 zu 15,33), ist in den Jahren 1867 und 1868 im jährlichen Durchschnitt 60⁹/₁₆ und 60⁷/₁₆ Pence für die Unze Standard-Silber bezahlt worden, (= 1 zu 15,46 und 15,49) und die Ausprägung von silbernen Fünffrankenstücken hat in Frankreich wieder mit Macht begonnen. Im Jahre 1867 sind von dieser Münzsorte ein Werth von 54,051,560 Franken und im Jahre 1868 bis zum 1. November ca. 86 Millionen Franken gemünzt worden. Dieser Umstand ist aber gerade die Haupttriebfeder gewesen, dass man sich in Frankreich jetzt ernstlicher mit der Abschaffung der, solche Uebergänge von einer Währung zur andern möglich machenden Doppelwährung beschäftigt. Man hat ferner zu erwägen, dass die herkömmliche Ueberlieferung, wonach die Bevölkerung Indiens noch immer eine ganz besondere Vorliebe für das Silber als solches hege und dieses aus eigenthümlicher Liebhaberei vorzugsweise statt des Goldes zum Thesauriren verwende, sich als unbegründet oder doch als jedenfalls sehr übertrieben erweist, und dass seit einigen Jahren eine steigende Betheiligung des Goldes zur Ausgleichung der Handelsbilanz Indiens eingetreten ist, namentlich seitdem bedeutende Beträge Gold von Sydney direct dahin gehen. Seit einigen Jahren ist sogar die eventuelle Einführung der Goldwährung in Indien wiederholt in Frage gekommen. Ferner ist nicht ausser Acht zu lassen die ausserordentliche Zunahme der Silber-Production in Nevada und anderen Gegenden von Nord-Amerika, während die Production des Goldes im Ganzen, trotz der in Bearbeitung genommenen neuen Goldfelder in Neuseeland, Süd-Afrika etc. und des gegenwärtigen mehr systematischen Betriebs der Goldgewinnung, im Vergleich mit den Jahren 1853—56 jetzt um vielleicht nahezu 60 Millionen Thaler jährlich gesunken ist. Dieses alles in Ueberlegung genommen, dürfte es als nicht gerechtfertigt und nicht verständig zu erachten sein, wenn man die in neuester Zeit von verschiedenen Seiten sich kund gebende Auffassung, dass man in nächster Zukunft einer anhaltenden und beträchtlichen Werthverminderung des Silbers entgegengehe, sobald nur erst Frankreich sein System der Doppelwährung verlassen habe, als luftiges Phantasiegebilde, als keine weitere Beachtung verdienende Hypothese auf sich beruhen lässt. Die Vertheidiger dieser Ansicht*) machen geltend, wie die steigende Bedeutung des Goldes als allgemeines Tauschmittel naturgemäss mit der Zunahme der Civilisation und des Weltverkehrs Hand in Hand gehe, und damit die stetige Werthsteigerung des Goldes, verglichen mit Silber, im einfachen Zusammenhang stehe. So sei seit dem Anfange des sechszehnten Jahrhunderts die Werthrelation der Edelmetalle zum Vortheil des Goldes allmählig von circa 10.5 auf circa 15.5, mithin um 50 Procent gestiegen, das Silber also in entsprechendem

---

*) Unter diesen ist besonders zu nennen die Schrift: Zur deutschen Münzfrage. III. Gold- und Silberwährung. Uebergang zur Goldwährung. Papiergeld. Von G. D. Augspurg. Bremen 1869.

Verhältnisse im Werthe gefallen. Und zwar habe diese von einem Halbjahrhundert zum andern fortschreitende Entwerthung des Silbers nicht nur während der Periode der überwältigenden kolossalen Silberproduction in Peru und Mexico stattgefunden, sondern selbst während der Zwischenperiode, wo in Brasilien eine so beträchtliche Goldgewinnung stattfand, welche eigentlich erst die Möglichkeit einer umfangreicheren Goldausmünzung gewährte.*) Dass selbst die ausserordentliche Veränderung in den bisherigen Productionsverhältnissen der Edelmetalle seit 1849, bei gleichzeitig sehr vermehrter Silbernachfrage für Asien, keine grössere Steigerung des Silberpreises als um etwa 3 Procent vorübergehend zur Folge gehabt hat, erscheint jenen Herren als eine besonders wichtige Anzeige, dass die seit mehr als drei Jahrhunderten bemerkbare natürliche Tendenz einer progressiven Entwerthung des Silbers gegen Gold, sobald nur das künstliche einstweilige Hinderniss — die Doppelwährung in Frankreich — beseitigt worden, fortwirken werde.

    Wir selbst sind durch diese Betrachtungen noch keineswegs überzeugt, dass ein bedeutendes Sinken des Werthes des Silbers in nächster Zeit schon als sehr wahrscheinlich bezeichnet werden dürfe, da die Gestaltung der Werthrelation der Edelmetalle vom Zusammenwirken so mancher, sich jeder Vorausberechnung entziehenden Factoren abhängt; allein ebenso gewagt möchte es doch sein, mit Zuversicht eine Stabilität der jetzigen Werthrelation oder selbst die Wahrscheinlichkeit einer wiederkehrenden Steigerung des Silberpreises für die Zukunft behaupten zu wollen. Gewiss ist aber jedenfalls, dass, wenn eine Entwerthung des Silbers eintreten würde, in den Ländern, wo die alleinige Silberwährung trotz aller Isolirung aufrecht erhalten ist, in den Vermögensverhältnissen der grossen Mehrzahl der Besitzenden und aller derjenigen, die feste Einnahmen haben, die grösste Erschütterung hervorgebracht würde. Ein Sinken des Londoner Silberpreises, sagen wir auf 55 Pence per Unze Standard-Silber, würde so viel bedeuten als bei nominell gleichbleibenden Werthen eine reale Verminderung aller auf Silbergeld lautenden Vermögensbestände und Einkommen um etwa 10 Procent. Und würden nicht, wenn ein solches Sinken einmal begonnen hat, durch übertriebene Besorgniss und durch Speculation veranlasst, die Schwankungen der Werthe in Silberwährung noch viel stärker und unberechenbar sein? Es kann allerdings auch die entgegengesetzte Möglichkeit gedacht und behauptet werden, dass durch Entdeckung neuer Goldfelder, welche noch viel ergiebiger, umfangreicher und nachhaltiger wären als die von Kalifornien und Australien, das Gold im Werthe gegen Silber um 10 Procent oder mehr sänke, und dass man dann in Deutschland nach Annahme der Goldwährung dieselben Uebelstände erfahren würde, wie sie eben bei Aufrechthaltung der Silberwährung durch Entwerthung des Silbers befürchtet wurden. Die Möglichkeit an sich kann nicht bestritten werden, aber gewiss ist, dass in solchem Falle Deutschland nicht besser und nicht schlechter gestellt sein würde als alle übrigen civilisirten und handeltreibenden Nationen, welche ebenfalls die alleinige Goldwährung haben, und das würde in der That doch kein geringer

---

*) Die ungefähre Werthrelation der Edelmetalle in Deutschland ist anzunehmen:
im Jahre 1500 wie 1:10.ss, im Jahre 1750 wie 1:14.93, im Jahre 1860 wie 1:15.ss,
» 1600 » 1:11.ss, » 1800 » 1:15.ss, » 1866 » 1:15.ss,
» 1650 » 1:13.ss, » 1830 » 1:15.ss, » 1867 » 1:15.ss,
» 1700 » 1:14.ss, » 1840 » 1:15.ss, » 1868 » 1:15.ss.

Trost sein und universelle Auskunftsmittel zu Tage fördern. Wird aber andererseits zur Empfehlung der Aufrechthaltung der Silberwährung, falls auch Deutschland und Holland damit isolirt bleiben sollten, geltend gemacht die Eventualität eines ungenügenden Vorrathes an Gold, wenn alle civilisirten Staaten die alleinige Goldwährung, und Silbergeld nur als Scheidemünze haben, so darf man dagegen erinnern, dass die Entwickelung des soliden Bankwesens ein Auskunftsmittel gegen eine übermässige Vertheuerung des universellen Tauschmittels und Verrückung des allgemeinen Werthmassstabes abgeben dürfte.

Dass für die Uebergangsmassregeln bei Einführung der Goldwährung für Deutschland, welches dann den grössten Theil seines Silbermünzvorraths an den Markt zu bringen hätte, um Gold einzutauschen, die Rücksicht auf die Eventualität einer ausserordentlichen Werthverringerung des Silbers eine sehr gewichtige Betrachtung erheischt, ist unzweifelhaft, wird jedoch an einer späteren Stelle erörtert werden.

Noch wollen wir ein Moment erwähnen, welches die Annahme der Goldwährung in Deutschland anrathen möchte, obschon es im Vergleich mit dem eben besprochenen Motive fast untergeordnet erscheinen wird, an sich aber doch in praktischer Hinsicht ziemlich mit in die Wage fällt. Bei der Vernehmung für die Enquête wegen des Bankwesens in Frankreich, machte ein Sachverständiger gegen die Pluralität von Emissionsbanken geltend, dass dieselbe zu einer ausserordentlichen Vermehrung des Creditgeldes in kleinen Appoints führen würde, während die Bank von Frankreich bekanntlich die Emission der Noten von 50 und 100 Franken als zu kleine Beträge möglichst beschränke, und dass diese drohende Vermehrung kleiner Banknoten die Wehrkraft des Landes sehr beeinträchtigen würde. Im Falle eines Krieges und bei dessen Wechselfällen werde dann die Gefahr sehr nahe liegen, dass die Masse der Bevölkerung die kleinen Noten plötzlich zur Einlösung einreiche und von Papiergeld nichts mehr wissen wolle, was entweder zum leidigen Zwangscourse oder zu bedeutender Einschränkung der Baarvorräthe der Banken führen werde, zu einer Zeit, wo ohnehin der Misskredit so leicht entstehe. Bei dem jetzigen Münzumlauf in Frankreich sei eine derartige Gefahr nicht vorhanden. — Man wird nicht in Abrede stellen, dass hierin Wahrheit liegt und die Anwendung auf die deutschen Verhältnisse nicht lange gesucht zu werden braucht. Während in Frankreich, wie gesagt, die kleinsten Banknoten auf 50 und 100 Franken lauten und nur in grosser Beschränkung emittirt werden, in England aber die kleinsten Banknoten auf 5 £ lauten, haben wir in Deutschland eine Unmasse von Papiergeld in Ein-, Fünf- und Zehn-Thalerscheinen, Fünf- und Zehn-Guldenscheine etc., welche allesammt überflüssig werden, nachdem bereits die Post-Anweisungen für Versendungen kleiner Summen aufs Beste sorgen, sobald in Deutschland die Goldwährung angenommen sein wird. Wenn statt des genannten kleinen Papiergeldes in den Taschen der Bevölkerung effective Goldstücke die Regel bilden, verschwindet für ausserordentliche Ereignisse die Besorgniss, dass in Kriegszeiten zu andern unvermeidlichen Opfern und Lasten noch der Uebelstand einer Papiercirkulation in kleinen Appoints mit ihren nothwendigen Folgen sich fühlbar macht. Die Einführung der Goldwährung und dadurch herbeizuführende Beseitigung des kleinen Papiergeldes wird die Solidität des Geldwesens in Deutschland befestigen und die Wehrkraft der Nation in Rücksicht ihrer allgemeinen Finanzlage bei ausserordentlichen Ereignissen wesentlich fördern.

III.

Versuche und Vorschläge zur Herstellung eines zeitgemässen einheitlichen Münzwesens in Deutschland, bis December 1865.

In den vorangegangenen Abschnitten sind bereits zwei Vorgänge aus dem Jahre 1838 erwähnt worden, welche eine Verbesserung der deutschen Münzverhältnisse betrafen, nämlich der Dresdener Münzvertrag, welcher für die Zollvereinsstaaten wenigstens annähernd eine gewisse Münzeinigung begründete und bei dessen Veranlassung die Königl. Sächsische Regierung die Einführung einer Decimaltheilung anzubahnen bemüht war, und der Ausspruch von J. G. Hoffmann, dass nur in dem Uebergang von der Silberwährung zur Zahlung und Rechnung in Goldwerthen das alleinige sichere Mittel zur Begründung eines haltbaren Münzwesens in Deutschland gegeben sei.

Diese Anregungen blieben indess vereinzelt und ohne praktische Folgen. Abgesehen von einem im September 1848 erschienenen Aufsatze des Regierungsraths Bergius (Archiv der politischen Oekonomie N. F. Bd. VII., S. 121 ff.), der im gleichen Sinne wie J. G. Hoffmann für Preussen den Uebergang zur Goldwährung empfahl, und mehreren Abhandlungen des Verfassers dieser Denkschrift, welche in den Jahren 1850 bis 1853, auf Anlass der vermehrten Goldproduction, der vorwaltenden Meinung einer unvermeidlichen Entwerthung des Goldes entgegentraten und vielmehr als künftige wohlthätige Folge des vermehrten Goldvorraths eine universelle Annahme der Goldwährung hervorhoben, sowie von den im Jahre 1850 in Bremen stattgefundenen Verhandlungen der dortigen Handelskammer, bildeten im Zeitraum von 1838 bis 1854 die allgemeinen deutschen Münzverhältnisse und deren Reformen keinen Gegenstand öffentlicher Erörterung. — Im November 1854 traten jedoch, in Folge des Artikels 19 des Handels- und Zollvertrags zwischen den Zollvereinsstaaten und Oesterreich vom 19. Februar 1853, Bevollmächtigte für Oesterreich, Preussen, Bayern, Hannover und Frankfurt in Wien zu Unterhandlungen über eine Münzkonvention zusammen. Die österreichische Regierung eröffnete dieselbe mit dem Antrage auf gemeinschaftliche Annahme der Goldwährung als Grundlage der Vereinbarung. Als Münze des Vereins möge ein Goldstück angenommen werden, welches den Werth einer Kölnischen Mark feinen Silber enthalte, nach der Werthrelation 15½ Mark Silber = 1 Mark Gold. Es sollten auch halbe Stücke zu 7 Thaler als Vereinsmünze geprägt werden und die Ausmünzung von Viertelstücken zulässig sein. Der Feingehalt der Goldmünzen sei auf 9/10 zu bestimmen. Den einzelnen Staaten bleibe überlassen, Silbermünzen mit einem Abschlage von 5 bis 8 % gegen deren bisherigen Silbergehalt auszubringen und die Silbermünze nur als Scheidemünze zu behandeln.

Die übrigen Bevollmächtigten erklärten sich von vornherein principiell gegen die Goldwährung. Die damals geltend gemachten Gründe und Bedenken mögen hier um so passender eine Stelle finden als sie mit den noch jetzt erhobenen Einwendungen im Wesentlichen übereinstimmen.

Die Einführung der Goldwährung für einen Komplex mehrerer unabhängiger Staaten werde die Zentralisation der Ausprägung und der Ausgabe der Silberscheidemünzen, somit die Verzichtleistung seitens der einzelnen Staaten auf einen wichtigen Theil des Münzregals, zur unumgänglichen Bedingung haben müssen. — Wie durch dieselbe die Theilnahme Deutschlands am Welthandel gefördert werden würde, sei nicht zu erkennen. Die Geltung der Münzen eines Staats im Weltverkehr sei nach der Natur der Sache mehr eine Wirkung und Folge der Stellung und des Einflusses, welchen der Staat überhaupt im Welthandel zu erlangen und zu behaupten vermöge. Sofern in einzelnen Fällen die Münzen eines Staats eine allgemeinere Geltung im Welthandel erlangt hätten, sei solche zunächst durch eine massenhafte, den Bedarf des eigenen Verkehrsgebiets weit übersteigende Ausprägung dieser Münzen bedingt gewesen, die aber nicht ohne erhebliche Bedenken sei, weil der Staat unmittelbar oder mittelbar für die Abnutzung der unter seinem Gepräge im Welthandel umlaufenden Münzen einzustehen haben werde. Die Münzen eines Staates würden in fremden Staaten, in denen sie einem eigenen mehr oder minder geordneten Münzwesen begegnen, allgemeinere Geltung hauptsächlich nur als Waare, also mit veränderlicher Werthung erlangen; in dieser Beziehung könne mithin die Aufgabe bei Ordnung des Münzwesens nur darin bestehen, thunlichst dafür zu sorgen, dass den Münzen zugleich ein möglichst hoher Werth auf dem Weltmarkt gesichert und der Verlust auf ein Minimum zurückgeführt werde, welcher einestheils der Gesammtheit durch die geringere Werthung der Münzen bei Zahlungen nach dem Auslande, anderentheils dem Staate durch deren sofortige Einschmelzung und Umprägung erwachsen könne. Es sei nun aber nicht zweifelhaft, dass bei Festhaltung der Silberwährung eine sonst zweckmässig bestimmte Silbermünze die erwünschte Werthschätzung und Geltung auf dem Weltmarkte ebenso leicht erlangen und behaupten werde wie eine Goldmünze: denn worauf es hierbei vor allem ankomme, sei die Bedingung der möglichst hohen Geltung einer Münze in einem möglichst grossen Gebiete. — Wenn aber schon aus dem Gesichtspunkte der Zweckmässigkeit überwiegende Gründe für den Uebergang zur Goldwährung nicht zu erkennen seien, so müssten um so mehr bei einer so durchgreifenden Aenderung, wie die Substituirung eines neuen Werthmaassstabes aller Dinge, die aus dem Gesichtspunkte der Gerechtigkeit sich ergebenden grossen Bedenken mit ihrem ganzem Gewicht sich geltend machen. Es könnte freilich, auch abgesehen von den Fällen in welchen der Staat nur einen Widerspruch zwischen den faktischen und den mehr oder weniger obsolet gewordenen gesetzlichen Bestimmungen auszugleichen habe, Verhältnisse geben, welche für den Staat eine dringende Nothwendigkeit zu solcher Maassregel begründeten; allein ohne eine solche dringende Nothwendigkeit werde die Aenderung des in unverkümmerter, zu Zeiten nicht ohne grosse Opfer aufrecht erhaltener Geltung bestehenden Werthmaassstabes kaum jemals gerechtfertigt erscheinen. Die Verwandlung aller auf eine bestimmte Quantität Silber lautenden Zahlungsverbindlichkeiten des Staats wie der Privaten in solche, die in einem vom Staate nach der Natur der Sache mehr oder weniger willkürlich festgesetzten Verhältnisse durch eine bestimmte Quantität Gold erfüllt werden können, müsse um so bedenklicher sein in einer Zeit, in welcher eine weitere Entwerthung des Goldes in Aussicht stehe oder (was für die Regierungen von gleichem Gewicht sein müsse) ziemlich allgemein befürchtet werde, in welcher jedenfalls aber der Werth des Goldes noch durch manche Schwankungen und Kriesen werde hindurchgehen müssen, ehe er auch nur einen annähernden Grad von Festigkeit und Dauer erlangen werde.

Von den österreichischen Bevollmächtigten wurde dagegen für die Goldwährung dasselbe geltend gemacht, was schon Hoffmann angeführt hatte, nämlich die Vorzüge des Goldes im Weltverkehr, hervorgehend aus den geringeren Kosten der Verfertigung und Umprägung der Goldmünzen, der grösseren Schwierigkeit der Verfälschung und den bedeutenden Ersparnissen beim Transporte: die der Annahme der Goldwährung bisher hauptsächlich entgegenstehende Seltenheit dieses Edelmetalls sei durch die Entdeckung der Goldfelder in Kalifornien und Australien gehoben, und die Besorgniss einer stetigen Abnahme des relativen Werthes des Goldes zum Silber, sowie einer Steigerung der Preise, weil die Goldmünze höhern Werth darstelle, erscheine nicht begründet.

Die Verhandlungen konnten, so lange dieser principielle Gegensatz aufrecht erhalten wurde, zu keiner Vereinbarung führen und wurden daher im Februar 1855 bis auf weiteres vertagt. Bei Wiederaufnahme derselben im Sommer 1856 ward die alleinige Silberwährung als die Grundlage des abzuschliessenden Münzvertrages vorausgesetzt und darauf hin der Wiener Münzvertrag vom 24. Januar 1857 abgeschlossen, welcher noch gegenwärtig und bis zu Ende 1878, wenn inzwischen nicht Anderes vereinbart wird, die Normen für das Münzwesen in Deutschland vorschreibt. In diesem Vertrage, welcher im Uebrigen, namentlich durch seine Detailbestimmungen vom Standpunkte einer rationellen Münzpolitik aus, sich bleibende Verdienste um das deutsche Münzwesen erworben hat, wird den betheiligten Staaten zur Pflicht gemacht, darüber zu wachen, dass die im Landesmünzfusse festzuhaltende Grundlage der reinen Silberwährung in keiner Weise erschüttert oder beeinträchtigt werde. Den Vereinsgoldmünzen — den „Kronen" und „halben Kronen" resp. $1/100$ und $1/50$ Pfund Fein-Gold enthaltend — darf daher die Eigenschaft eines die landesgesetzliche Silberwährung vertretenden Zahlmittels nicht beigelegt werden, ebensowenig ein bestimmter Kurs bei den öffentlichen Kassen anders als mit Vorausbestimmung auf höchstens sechs Monate, und darf der Kassenkurs nicht über denjenigen Werth bestimmt werden, der sich aus dem Durchschnitt der amtlichen Börsenkurse jener Münzsorte in den vorangegangenen sechs Monaten ergiebt.

Während die Verhandlungen in Wien über einen deutsch-österreichischen Münzvertrag noch im Gange waren, ward an einer entgegengesetzten Stelle Deutschlands die Frage der Goldwährung in Anregung gebracht. Die Hamburger Commerz-Deputation veröffentlichte nämlich im September 1856 eine „Denkschrift, betreffend die Einführung der Goldwährung in Deutschland." vornämlich veranlasst durch die Erwägung, dass die Goldwährung jetzt bei den drei bedeutendsten Handelsstaaten der Erde zur gemeinsamen Geltung gekommen sei und sowohl im allgemeinen commerziellen Interesse als auch in Rücksicht der bekannten Vorzüge des Goldes ein Anschluss daran rathsam erscheine, zumal der von Zeit zu Zeit eintretende enorme Abfluss des Silbers nach Indien den Werth dieses Metalls im Weltverkehr grossen Schwankungen aussetze. Es ward gelegentlich auch darauf hingewiesen, dass während in England bei der Goldwährung der Unterschied zwischen Sovereigns und Münzgold niemals den Betrag von nur $1^1/4$ d. pr. Stand. Unze (ca. $1^1/2$ Permille) überschreite, im Kurs der preussischen Thaler gegen Silber in Barren innerhalb zweier Jahre (1855 und 1856) Schwankungen bis zu $3^1/3$ Procent (zwischen $148^1/4$ und $153^1/4$ ℳ pr. 300 ℳ Bco.) vorgekommen seien. — Weitere praktische Folge hatte aber auch diese in Hamburg gegebene Anregung nicht.

An den Wiener Münzvertrag vom 24. Januar 1857 schlossen sich demgemäss neue Münzgesetze in den einzelnen vertragenden Staaten und, wie oben bereits erwähnt, eine besondere Münzübereinkunft zwischen den Süddeutschen Staaten, München den 7. August

1858. worin namentlich auf allmählige Einziehung der noch in grosser Menge dort umlaufenden s. g. Kronenthaler und älteren Scheidemünze Bedacht genommen wurde.

Das Bedürfniss einer engeren Münzeinigung in Deutschland, bei welcher die Herstellung einer gleichen und allgemeinen Münz- und Rechnungs-Einheit und gleichmässiger Münz-Theilung zu erwirken sei, ward in grösseren Kreisen und vor dem Forum der Oeffentlichkeit erst seit dem Zusammentritt des ersten deutschen Handelstags zu Heidelberg im Mai 1861 zur Sprache gebracht, wenn man von einer particllen Anregung dieser Frage (in Bezug auf die völlig disparaten Valutaverhältnisse in den Hansestädten) beim Congress deutscher Volkswirthe im September 1860 absieht.

Es würde hier zu weit führen, die seit Mai 1861 bis Ende 1865 im Interesse deutscher Münzeinheit auf dem Handelstage selbst und von dessen bleibendem Ausschusse geführten Verhandlungen im Einzelnen darzulegen. Wir beschränken uns daher auf eine kurze Angabe der gefassten Resolutionen und einiger damit zusammenhängender Vorgänge, welche die Frage des Uebergangs zur Goldwährung berühren.

Der erste Handelstag empfahl einstimmig die Herstellung deutscher Münzeinheit durch allgemeine Annahme des Drittelthalers (Mark) als Rechnungseinheit mit directer Theilung in 100 Pfennige, unter Beibehaltung der Vereinsthaler als Hauptmünzsorte und der Fünfgroschenstücke als Halbe Mark.

Der Goldfrage gegenüber nahm der Handelstag damals eine reservirte Stellung ein, indem er im Eingang seiner Resolution erklärte: „Die Rücksicht auf die Möglichkeit einer in Zukunft etwa nothwendig werdenden Annahme der Goldwährung — welche Eventualität eine offene Frage für die Zukunft bleiben muss — ist als ein zutreffender Grund für eine längere Verzögerung der deutschen Münzeinheit nicht zu betrachten."

Der Goldwährung fehlte es übrigens schon damals nicht an eifrigen Vertretern; sie wurde besonders von den Delegirten aus Bremen, Braunschweig und Osnabrück warm empfohlen.

Die Resolutionen des Handelstages wurden den deutschen Regierungen mit dem Ersuchen um Realisirung überreicht und von einigen Handelskammern noch besonders befürwortet. Die grosse Mehrzahl der Handelskorporationen widmete dieser Angelegenheit aber keine weitere Aufmerksamkeit, und einzelne beantragten sogar davon abweichende Modalitäten der Münzreform, wie namentlich die Handelskammer von Köln die Annahme der Goldwährung auf der Basis des halben Sovereigns. Die Regierungen liessen sich durch alle diese Vorschläge nicht bewegen, der Münzfrage irgend näher zu treten.

Als in den nächstfolgenden Jahren Belgien und die Schweiz durch praktische Verkehrsbedürfnisse sich genöthigt sahen, die bei ihnen gesetzlich geltende alleinige Silberwährung aufzugeben und dem französischen System der Doppelwährung beizutreten, musste auch in Deutschland die Münzfrage eine steigende Aufmerksamkeit finden, wenn auch noch nicht in den Regierungskreisen, sondern zunächst nur bei Volkswirthen und Handelskammern. Der Handelstags-Ausschuss glaubte beim Herannahen des dritten Handelstags die Münzfrage wieder aufnehmen zu sollen und forderte durch Rundschreiben vom Februar 1864, unter Mittheilung einer ausführlichen Darlegung der Sachlage, sämmtliche Mitglieder des Handelstages auf, über die eventuelle Herbeiführung einer neuen Vereins-Goldmünze statt der

"Kronen" ihre Ansichten und Vorschläge zu äussern. Der Aufforderung entsprachen 36 Handelsvorstände, von denen fünf (von Berlin, Leipzig, Frankfurt a. M., Danzig und Stuttgart) die Sache für nicht opportun erklärten, die Handelskammer von Bremen den sofortigen Uebergang zur Goldwährung, 11 Korporationen die Annahme einer dem halben Sovereign ganz oder nahezu gleichkommenden Goldmünze, zu 10 Mark gerechnet, empfahlen, die grosse Mehrzahl aber die Einführung einer neuen Vereins-Goldmünze, 77½ Stück auf das Pfund Gold 9/10 f., also identisch mit dem Zwanzigfrankenstück, beantragte. Eine Zusammenstellung dieser Gutachten ward veröffentlicht und die Münzfrage wieder als ein Hauptgegenstand auf die Tagesordnung des in Frankfurt a. M. vom 26.--29. September 1865 abgehaltenen dritten deutschen Handelstags gesetzt.

Bei der Berathung im Plenum stellte sich noch klarer als in den vorangegangenen Gutachten heraus, welche Fortschritte die Auffassung der Münzfrage rücksichtlich ihrer Beziehung zur Goldwährung seit dem ersten Handelstage im Mai 1861 gemacht hatte. Die Wichtigkeit einer Beseitigung der verschiedenen Münzsysteme in Deutschland und die Einführung des Decimalsystems im Münzwesen wurden als selbstverständlich betrachtet und so gut wie gar nicht discutirt, wogegen das lebhafteste Interesse der Versammlung sich der Erörterung der für Deutschland in möglichst wirksamer und bequemer Weise baldigst herbeizuführenden Gold-Cirkulation zuwandte. Die Verhandlungen machen den Eindruck, als ob die vorwiegende Meinung der betreffenden kaufmännischen und industriellen Kreise bereits sich darin gefunden hatte, die erleichterte Zulassung passender Goldmünzen wenigstens als subsidiäres Zahlmittel für wünschenswerth zu halten und dabei vornämlich das französische Zwanzigfrankenstück zu benutzen, ohne jedoch sich schon mit dem Gedanken einer förmlichen Entsagung der Silberwährung näher vertraut gemacht zu haben.

Die Resolutionen des dritten Handelstages vom 27. September 1865 gehen dahin:

In Uebereinstimmung mit der vom ersten Handelstag beschlossenen Erklärung wird vor Allem wiederum als allgemeine Rechnungs-Einheit für ganz Deutschland der Drittelthaler unter der Benennung Mark, mit direkter Theilung in 100 Pfennige, empfohlen, also die Silberwährung und der Thaler als Hauptmünzsorte beibehalten. — In Betreff der Goldmünze wird die Beseitigung der "Kronen" und dagegen die Ausprägung von Goldmünzen 77½ Stück auf das Pfund Gold 9/10 f. (= Zwanzigfrankenstücken) beantragt. Diese Münzsorte sei bei den öffentlichen Kassen zu einem ein für alle Mal zu bestimmenden festen Kurs anzunehmen — was so viel bedeutet als die s. g. Doppelwährung, — eventuell zu einem in rundem Betrage sich der bestehenden wirklichen Werthrelation der Edelmetalle thunlichst anschliessenden Kurs, der bekannt zu machen sei und bis zu einer anderweitigen öffentlichen Tarifirung Geltung behalten würde.

Selbst für den Fall, dass damals die öffentliche Meinung und die Regierungen geneigter als im Jahre 1861 gewesen wären, nach Anleitung dieser Empfehlungen der Erledigung der deutschen Münzfrage praktisch näher zu treten, und dass die bald folgenden politischen Vorgänge nicht ohnehin die Beschäftigung damit einstweilen hätten zurückdrängen müssen, wäre eine Durchführung des in Vorschlag gebrachten Mark-Systems auf Grund der bestehenden Silberwährung doch wohl keinenfalls zu erwarten gewesen. Es trat nämlich noch vor Ablauf des Jahres 1865 eine sich fortziehende Reihe von allgemeinen münzpolitischen

Ereignissen ein, welche die deutsche Münzfrage durch ernstliche Anregung und Betreibung des Projects internationaler Münzeinigung in eine neue Auffassung und Stellung bringen sollte. Wir müssen daher die Betrachtung der besonderen deutschen Münzfrage hier unterbrechen und zuvörderst uns in jenen neuen internationalen Bestrebungen zu orientiren suchen.

IV.

Die Bestrebungen zur Anbahnung internationaler Münzeinigung und die Aussichten auf deren Verwirklichung.

Am 23. December 1865 ward zu Paris ein Münzvertrag zwischen Frankreich, Belgien, der Schweiz und Italien abgeschlossen, wodurch diese vier Staaten sich unter Annahme des französischen Münzsystems (mit der Modifikation eines verringerten Münzfusses für die fortan als Scheidemünze geltenden ½-, 1- und 2-Frankenstücke) zu einem Münzverein verbanden, welcher die Gemeinsamkeit aller Münzverhältnisse zwischen ihnen in manchen Beziehungen noch vollständiger feststellt, als dies seinerzeit der Wiener Münzvertrag vom 24. Januar 1857 für Oesterreich und den Zollverein gethan hatte. Abseiten Belgiens, der Schweiz und Italiens ward dringend gewünscht, bei dieser Gelegenheit die s. g. Doppelwährung zu beseitigen und die alleinige Goldwährung, nach dem Vorbilde Englands, anzunehmen, und die persönliche Auffassung des französischen Bevollmächtigten, Herrn de Parieu (dem unstreitig das Hauptverdienst beim Zustandekommen dieses in seinen Konsequenzen so ausserordentlich wichtigen Vertrages zukommt) ging gleichfalls dahin: allein die Französische Regierung lehnte es peremptorisch ab, und so blieb die Bestimmung im Münzvertrage, dass auch fortan noch silberne Fünffrankenstücke nach dem bisherigen Münzfusse geprägt und ihre Geltung als Courantmünze behalten sollten. Durch Artikel 12 des Vertrags ward auch anderen Staaten der Beitritt zu demselben vorbehalten, und sind denn auch der Kirchenstaat und Griechenland demselben nachträglich beigetreten. Die dem Münzvertrage vom 23. December 1865 zu Grunde liegende Idee einer internationalen oder universellen Münzeinigung ist jedoch an sich so grossartig und dem Geiste unserer Zeit wie der fortschreitenden Civilisation so sehr entsprechend, dass Kaiser Napoleon auf von Herrn de Parieu gegebene Anregung bereitwilligst den Plan aufnahm, bei Gelegenheit der Welt-Industrie-Ausstellung in Paris i. J. 1867 die Regierungen aller civilisirten Staaten zu einer internationalen Münzkonferenz einzuladen. In Folge hiervon traten Delegirte von zwanzig Staaten, nämlich Frankreich, Belgien, der Schweiz, Italien, Preussen für den Norddeutschen Bund, Bayern, Württemberg, Baden, Oesterreich, Griechenland, Türkei, Russland, Schweden und Norwegen, Dänemark, Niederlande, Spanien, Portugal, Grossbritannien und den Vereinigten Staaten in der Zeit vom 17. Juni bis 6. Juli 1867 zur Berathung über eine anzubahnende internationale Münzeinigung zusammen.

Das Ergebniss der Konferenz, das in einem von den in der letzten Sitzung anwesenden Mitgliedern einstimmig angenommenen Bericht des Herrn de Parieu vorgelegt wurde, dürfte seinem Hauptinhalte nach sich etwa wie folgt zusammenfassen lassen.

Die ausserordentlichen Vortheile einer universellen Münzeinigung werden von allen Seiten anerkannt, nicht minder aber die der Realisirung dieser Idee entgegenstehenden vielen und bedeutenden praktischen Schwierigkeiten.

Eine internationale Münzeinigung lässt sich in dreierlei Weise erstreben: 1) durch Aufstellung eines ganz neuen rationellen Systems; — oder 2) durch allseitige Annahme eines schon bestehenden Systems; — oder 3) durch passenden Anschluss an eines der bestehenden Systeme mit Vorbehalt seiner späteren Verbesserung. Die Konferenz hat sich entschieden gegen die Aufstellung eines ganz neuen Systems, wenn dasselbe auch durch unmittelbare Begründung auf das metrische Gewichtssystem sich theoretisch empfehle, aus dem Grunde erklärt, weil hierdurch die entgegenstehenden Schwierigkeiten äusserst vermehrt und die Ausführung einer Münzeinigung ins Endlose hinausgeschoben würden. Die Konferenz empfielt vielmehr aus praktischen Gründen das System des Pariser Münzvertrages vom 23. December 1865 als Anknüpfungspunkt für die zu erstrebende universelle Münzeinigung, vorbehältlich gewisser Modifikationen.

Zu diesen gehört vornämlich die völlige Beseitigung der s. g. Doppelwährung durch Annahme der alleinigen Goldwährung.

Für diejenigen Länder, wo bisher die alleinige Silberwährung Geltung gehabt hat, ist als transitorische Massregel die Anwendung der Doppelwährung zuzulassen.

Der Feingehalt aller Goldmünzen ist auf 9/10 zu bestimmen.

Als gemeinsamer „Denominateur" (Nenner oder Divisor) für die künftigen internationalen Goldausmünzen wird das goldene Fünffrankenstück angenommen, während als vorzugsweise zu empfehlende auszuprägende internationale Goldmünze das Fünfundzwanzig-Frankenstück bezeichnet wird. —

Den grössten Eifer im Interesse einer baldigen internationalen Münzeinigung auf der Basis alleiniger Goldwährung scheinen die Delegirten derjenigen grossen Staaten bewiesen zu haben, in welchen gegenwärtig weder Goldwährung, noch Silberwährung, noch Doppelwährung, sondern Papiervaluta besteht, nämlich von Oesterreich, Russland und den Vereinigten Staaten. — Für die Aufrechthaltung der Silberwährung hat sich auf der internationalen Münzkonferenz nur die Niederländische Regierung entschieden ausgesprochen.

Die Preussischen Delegirten erklärten, dass man in Preussen mit der bestehenden Silberwährung zufrieden und die Grundlage der Münzcirculation in Deutschland vortrefflich sei, dass also ein Bedürfniss zu einer so bedeutenden Aenderung, wie das Aufgeben der Silberwährung sein würde, nicht vorliege. Die Schwierigkeit des Uebergangs zur Goldwährung würde für kein Land grösser sein als für Preussen. Nichtsdestoweniger werde man in Preussen, wenn die Arbeiten der Konferenz eine Basis zu einer allgemeinen Verständigung in der Frage ergeben sollten, diesen Gegenstand in sorgsame Erwägung ziehen und wenn man eine Ansicht über die besten Mittel der Anknüpfung hieran gewonnen habe, werde die Preussische Regierung sich hierüber mit ihren Norddeutschen Verbündeten wie mit den Süddeutschen Staaten, als Mitunterzeichnern des Wiener Münzvertrages von 1857, ins Vernehmen setzen. Die Preussischen Delegirten stimmten für Empfehlung der allgemeinen Goldwährung und warnten selbst vor Gestattung eines unbestimmten Termins bei Anwendung der Doppelwährung als Uebergangsmassregel; ebenfalls stimmten sie für die Anlehnung der erstrebten universellen Münzeinigung an ein historisch gegebenes Münzsystem, statt Aufstellung eines ganz neuen, wenn auch mehr rationellen Systems, und für den Feingehalt von 9/10. Sie enthielten sich aber im Uebrigen meistens der Abstimmung, wenn mehr specielle Verhältnisse in Frage kamen, z. B. wegen Empfehlung des goldenen Fünf- und respective des Fünfundzwanzig-Frankenstücks. —

Gleichzeitig mit den officiellen Münzkonferenzen beschäftigte sich das ohne allen amtlichen Charakter mittelst freier Betheiligung der Mitglieder gebildete Gewicht-, Maass- und Münz-Comité der allgemeinen Industrie-Ausstellung ebenfalls mit der internationalen Münzfrage und nahm mit an Einstimmigkeit grenzender Majorität folgende Resolutionen an:

1) Die erste Bedingung für die erstrebte universelle Münzeinigung ist, dass die betheiligten verschiedenen Regierungen dieselbe Einheit für die Emission ihrer Goldmünzen annehmen. — 2) Es ist zu wünschen, dass diese Münzen in der Feinheit von $9/10$ geprägt werden. — 3) Es ist ferner zu wünschen, dass jede Regierung unter ihren Goldmünzen mindestens ein Stück habe, welches mit einem der bei den anderen betheiligten Staaten gebräuchlichen Münzen an Werth gleich sei, damit es auf diese Weise unter allen Systemen einen gemeinsamen Berührungspunkt giebt, von wo aus jede Nation daran arbeiten könne, ihr Münzsystem allmählig demjenigen zu assimiliren, welches als gemeinsame Basis gewählt werden wird. — 4) Da die gegenwärtig in Frankreich in thatsächlicher Anwendung befindliche Reihe von Goldmünzen bereits von einem grossen Theil der europäischen Völker angenommen ist, empfiehlt sie sich als Basis des gesuchten einheitlichen Systems. — 5) In Betracht, dass in Folge eines glücklichen Zusammentreffens die wichtigsten Münzeinheiten sich dem Französischen Goldstück von 5 Franken mittelst wenig merkbarer Abänderungen anpassen können, würde dieses Münzstück sich zur Basis des Münzsystems am besten eignen und die auf dieser Basis geprägten Münzen, sobald die Konvenienz der betheiligten Nationen es gestatten wird, Multipla dieser Einheit bilden. — 6) Es ist zu wünschen, dass die verschiedenen Regierungen sich dafür entscheiden, dass die von jedem Staate in Uebereinstimmung mit dem vorgeschlagenen und vereinbarten System geprägten Stücke in allen diesen Ländern als gesetzliches Zahlmittel gelten sollen. — 7) Höchst wünschenswerth ist, dass das System der Doppelwährung da, wo es noch besteht, abgeschafft werde. — 8) Nicht minder wünschenswerth ist, dass das decimale Rechnungssystem allgemein angenommen werde und die Münzen aller Nationen denselben Feingehalt und dieselbe Form haben. — 9) Endlich ist noch zu wünschen, dass die Regierungen sich über gemeinschaftliche Kontrolle-Maassregeln verständigen, um die Integrität der Münzen, sowohl bei ihrer Prägung als während ihres Umlaufs, zu sichern. —

Welche Resultate haben bis jetzt die vorbesprochenen Pariser Resolutionen aus dem Jahre 1867, namentlich diejenigen der internationalen Münzkonferenzen gehabt?

Auf diesen war gegen den Schluss noch mit Stimmenmehrheit der Beschluss gefasst, die Delegirten möchten ihren Regierungen den Wunsch aussprechen, dass schon im Februar des nächsten Jahres (1868) neue Konferenzen für die Verwirklichung der internationalen Münzeinigung stattfinden, nachdem die Regierungen inzwischen Gelegenheit gehabt, die jetzt gemachten Vorschläge eingehend zu prüfen. Solche neue Konferenzen sind jedoch nicht angesetzt worden, weder im Februar 1868, noch in den seitdem weiter verflossenen funfzehn Monaten.

Auf Deutschland haben die Pariser Münzbeschlüsse zunächst eine negative Wirkung geäussert, indem ihr Bekanntwerden sofort die Bestrebungen für Herstellung deutscher

Münzeinheit auf der Grundlage des Wiener Münzvertrags von 1857, mittelst des vom Handelstage empfohlenen Mark-Systems, lähmte und sie in neue Bahnen lenkte. Der im September 1868 in Hamburg versammelte Kongress deutscher Volkswirthe gab dieser neuen Wendung einen bestimmten Ausdruck, indem seine Resolution in der Münzfrage dahin ging:

„Es ist zeitgemäss und höchst wünschenswerth, dass die einer vollständigen Münzeinheit in Deutschland noch entgegenstehenden Hindernisse und ausnahmsweisen Zustände baldigst beseitigt werden und dass gleichzeitig zur Goldwährung, im geeigneten Anschluss an die Pariser Münzkonvention vom 23. December 1865 und die von der internationalen Münzkonferenz im Juli 1867 empfohlenen Grundsätze, übergegangen werde."

Auch auf die Auffassung der Münzfrage im Norddeutschen Reichstage haben die Pariser Münzresolutionen ihren Einfluss erstreckt. Denn bei seiner Beschlussfassung über die neue Maass- und Gewichtordnung am 13. Juni 1868 hat derselbe beschlossen, das Präsidium des Bundesraths aufzufordern, „baldthunlichst dem Reichstage ein neues, streng decimales Münzsystem vorzulegen und dabei besondere Rücksicht darauf zu nehmen, dass dasselbe möglichst viele Garantieen seiner Erweiterung zu einem allgemeinen System aller civilisirten Nationen biete."

In Süddeutschland ist seit den Resolutionen der internationalen Münzkonferenz von 1867 die öffentliche Meinung allgemein und entschieden für die Goldwährung gewonnen, und zugleich für directen oder eventuell doch mittelbaren Anschluss an das französische Frankensystem. Der oben schon erwähnte Jahresbericht der Handels- und Gewerbekammer in Württemberg für das Jahr 1867 und die vortreffliche Schrift des Bergraths Fr. Xeller in Stuttgart: „Die Frage der internationalen Münzeinigung und der Reform des deutschen Münzwesens etc." konstatiren dies in unzweideutiger Weise.

Welchen Einfluss alle diese Vorgänge auf die erneuerte Behandlung der Deutschen Münzfrage seitens des Deutschen Handelstages in seiner vierten General-Versammlung im Oktober vorigen Jahres geübt haben, ist an dieser Stelle nicht besonders zu erörtern, da eben der ganze Inhalt der vorliegenden Denkschrift sich hierauf bezieht und der schliessliche fünfte Abschnitt die Folgerungen aus der gegebenen neuen Sachlage zu ziehen haben wird.

Für die gegenwärtige allgemeine Sachlage kommt aber wesentlich in Betracht die Behandlung der Münzfrage seit Juli 1867 in den übrigen Staaten.

Der Kirchenstaat und Griechenland hatten, wie bereits erwähnt, schon vor den internationalen Münzkonferenzen sich zum Beitritt zu dem im Münzvertrage vom 23. December 1865 enthaltenen Münzsystem bereit erklärt. Im Kirchenstaat ist dasselbe eingeführt durch Edict vom 18. Juni 1866 und die förmliche Beitrittserklärung Griechenlands datirt vom 8. Oktober 1868.

In Rumänien ist durch Gesetz vom 14. April 1867 ebenfalls das Münzsystem des Münzvertrages vom 23. December 1865, jedoch ohne Zulassung des silbernen Fünf-Frankenstücks, eingeführt worden.

Oesterreich und Frankreich schlossen durch ihre Delegirten bei den internationalen Münzkonferenzen (die Herren de Parieu und von Hock) bald nach deren Schluss am 31. Juli 1867 eine Präliminar-Münzkonvention ab, wodurch Oesterreich mit verschiedenen Modifikationen und Vorbehalten dem Münzvertrage vom 23. December 1865 beitrat. Oesterreich behält darnach den Gulden, im genauen Werth vom 2½ Franken Gold, als Münzeinheit und lässt künftig nur Goldstücke nach jenem Münzvertrage und ausserdem 10 Gulden- (25-Franken-) Stücke prägen. Es verzichtet in dieser Konvention ferner auf die Anwendung der Doppelwährung, nachdem dieselbe während eines beschränkten Zeitraumes zur Vermittlung des Uebergangs zur alleinigen Goldwährung benutzt sein werde, wogegen Frankreich, ungeachtet aller Bemühungen des österreichischen Unterhändlers, zu einer gleichen Zusage nicht zu bewegen war. Es war in Aussicht genommen, diese Konvention vom 1. Januar 1870 an in Wirksamkeit zu setzen, allein die Ratifikation derselben ist bisher nicht erfolgt, und ohnehin dürfte die gegenwärtige Finanzlage Oesterreichs nicht dazu angethan sein, ein so baldiges Verlassen der Papiervaluta, was doch die nothwendigste Vorbedingung einer gründlichen Münzreform ist, erwarten zu lassen.

In Schweden hat bereits eine partielle Annäherung an die Vorschläge der Internationalen Münzkonferenz stattgefunden, indem (durch Verordnung vom 31. Juli 1868) für die Ausprägung neuer Goldmünzen der Münzfuss der Zehn- und Fünfundzwanzig-Frankenstücke angenommen ist. Die ersteren, welche an die Stelle der bisherigen Dukaten treten, führen den Namen „Carolin" und wird auch der internationale Werth von 10 Franken auf denselben angegeben.

In Spanien ist durch Decret des Finanzministers vom 30. Oktober 1868 ein neues Münzsystem, in Uebereinstimmung mit demjenigen des Münzvertrages vom 23. Decbr. 1865, ohne diesem jedoch förmlich beizutreten, eingeführt. Die neue „Peseta" ist identisch mit dem Frank, und die Ausmünzung der Goldmünzen, der silbernen Fünf-Frankenstücke und der Scheidemünze soll genau nach den nämlichen Normen geschehen, die jener Vertrag vorgeschrieben hat.

Die Stellung Englands zur Frage der internationalen Münzeinigung ist, wie Jedem sofort einleuchten muss, von ganz hervorragender Bedeutung. Nachdem schon früher sich ernstliche Bestrebungen dort geltend gemacht haben, das Decimalsystem im Münzwesen einzuführen (m. vgl. u. A. den „Report on decimal coinage" unter den Parlamentspapieren der Session 1853), ist in neuerer Zeit in der Presse und Vereinen oft und lebhaft für eine Annäherung an das französische Münzsystem durch Reduction des Sovereigns auf den gleichen Werth mit dem 25-Frankenstück agitirt worden, wobei von Einigen darauf hingewiesen wurde, dass die mit dieser Maassregel verknüpfte effective Werthverringerung um 8 Permille praktisch ausgeglichen werden könne durch Erhebung eines Schlagschatzes, während jetzt die Ausmünzung unentgeltlich geschieht. Man darf sich indess durch diese vereinzelten Aeusserungen nicht verleiten lassen, die Aussichten auf eine baldige oder vorwiegende Mitwirkung Englands für die universelle Münzeinigung günstiger zu nehmen als sie in Wirklichkeit sind. Wie die öffentliche Meinung und die Regierung sich bisher zu dieser Frage gestellt haben, wird man nach einigen Auszügen officieller Actenstücke am richtigsten beurtheilen. In der fünften Sitzung der internationalen Münzkonferenz von 1867 gaben die britischen Delegirten folgende schriftliche Erklärung zu Protokoll:

„Das englische Gouvernement habe nicht geglaubt, es ablehnen zu dürfen, auf die ihm seitens der kaiserlichen Regierung gewordene herzliche Einladung, sich bei den Münzkonferenzen zu betheiligen, einzugehen. Eine solche Ablehnung würde nicht allein Mangel an internationaler Höflichkeit bewiesen haben, sondern man hätte daraus die Anklage ableiten können, dass die britische Regierung über die vorliegende wichtige Frage in starren Vorurtheilen befangen sei. In Wirklichkeit befinde sich aber die britische Nation dieser Frage gegenüber in einer durchaus verschiedenen und viel selbständigeren Lage als die Mehrzahl der Nationen auf dem Kontinent.

„So lange die öffentliche Meinung sich nicht für eine Veränderung des jetzigen Zustandes entschieden habe, so lange das bestehende Münzsystem weder in den grossen Handelstransactionen noch im täglichen Detailverkehr Unzuträglichkeiten darbiete, so lange endlich nicht unbestreitbar dargethan worden sei, dass die Annahme eines neuen Systems überwiegende Vortheile verschaffe, um dadurch die Aufgabe des bisherigen Systems, das durch die Erfahrung bewährt und in den Gewohnheiten der Bevölkerung tief gewurzelt sei, zu rechtfertigen, werde die britische Regierung sich nicht entschliessen, hinsichtlich der Assimilation des britischen Münzwesen mit denjenigen der Kontinentalstaaten Schritte zu thun.

„Andererseits werde die britische Regierung stets bereit sein zur Unterstützung jedes Versuchs, welcher den Zweck habe, die öffentliche Meinung in der gemeinschaftlichen Würdigung dieser Frage aufzuklären und zu leiten, sowie zur Erörterung der Mittel, durch welche solche in der Theorie sich so sehr empfehlende Assimilation bewirkt werden könnte.

„Indem die britische Regierung sich bei der internationalen Münzkonferenz vertreten lasse, habe sie es hiernach für geboten erachtet, ihren Bevollmächtigten die grösste Zurückhaltung vorzuschreiben; die Aufgabe derselben sei einfach die, die vorgebrachten verschiedenen Argumente anzuhören, die Lage der Frage, wie sie sich im Laufe der Discussion gestalten werde, zu studiren und darüber an ihre Regierung einen Bericht abzustatten. Es würde nicht ihrer Aufgabe entsprechen, wenn sie irgend eine Ansicht äusserten, die zu dem Glauben veranlassen könnte, als ob Aussicht vorhanden sei, dass Grossbritannien in naher Zeit der Münzkonvention von 1865 beitreten werde."

Nachdem die Protokolle der internationalen Münzkonferenz und die Berichte ihrer Delegirten vorlagen, hat die britische Regierung durch Patent vom 18. Februar 1868 eine Kommission ernannt, um die Vorschläge jener Konferenz und deren Anwendbarkeit auf die Verhältnisse des Vereinigten Königreichs zu prüfen und namentlich darüber zu berichten, ob, und eventuell welche Veränderungen in den britischen Ausmünzungen zu empfehlen seien, um die angeregte Münzeinigung ganz oder theilweise herbeizuführen. Diese Kommission bestand aus 14 in jeder Hinsicht dazu besonders geeigneten Persönlichkeiten, und ebenso wenig wird gegen die Auswahl der von derselben vernommenen 23 Auskunftgeber oder die Reichhaltigkeit des im Appendix vereinigten Materials etwas einzuwenden sein. Es liegt in der Natur der Sache, dass unter denen, die auf ihren Wunsch sich vernehmen liessen, Freunde der Münzreform die Mehrzahl bildeten und dass aus diesen Vernehmungen nicht ohne Weiteres auf den Stand der öffentlichen Meinung geschlossen werden kann. Hierfür kommt es auf eine unbefangene Prüfung der vorgebrachten Thatsachen und Ansichten an und die Kommission scheint diese Aufgabe bestmöglichst erledigt zu haben, so dass man aus dem Schlussbericht derselben vom 25. Juli 1868 die wirkliche Sachlage der internationalen Münzfrage in England zu entnehmen berechtigt ist.

Die Kommission anerkennt die von fast allen Auskunftgebern geltend gemachten

Vortheile einer internationalen Münzeinigung für die auswärtigen Handelsbeziehungen, auch abgesehen von ihrem Nutzen für Reisende, vergleichende Statistik u. s. w. an, fügt aber die Bemerkung hinzu, dass solche Vortheile, wenn sie ihre volle Bedeutung haben sollen, nur dann zu erwarten seien, wenn die Gleichmässigkeit sich nicht auf einzelne Münzstücke beschränke, sondern zugleich auf die ganze Geldrechnung, und, falls erreichbar, auch auf Maasse und Gewichte mit erstrecke. Auf der anderen Seite sei es einleuchtend, dass die Annahme eines neuen Münz- und Rechnungswesens mit vielen und ausserordentlichen Schwierigkeiten und Unzuträglichkeiten verknüpft sei, und zwar ganz besonders für diejenigen Länder, wo schon seit längerer Zeit ein gesundes Münzwesen bestanden habe. Jene Vortheile und diese Unzuträglichkeit müssten sorgsam gegen einander abgewogen werden, wenn eine definitive Entscheidung wegen Beitritts zu einem neuen internationalen Münzsystem getroffen werden solle.

Was nun speciell die Vorschläge der Pariser Conferenz betrifft, so erklärt sich die Kommission für den Fall, dass eine allgemeine Münz- und Rechnungs-Einheit zu Stande gebracht werden könne, zu Gunsten der alleinigen Goldwährung und eines Neun-Zehntel-Feingehalts der Goldmünzen, sowie dafür, dass die nach dem internationalen Münzfuss ausgeprägten Stücke auch im Durchmesser unter sich gleich und in allen Vertragsländern gesetzliches Zahlmittel sein müssten. Es wären auch Verabredungen zu treffen, um möglichst genaue und übereinstimmende Ausmünzungen zu sichern und diese zu controliren, sowie um zu leicht gewordene Münzen aus der Cirkulation zu ziehen. Im Falle einer zu Stande gebrachten internationalen Münzeinigung werde die jetzige Einrichtung der unentgeltlichen Ausmünzung in England aufzugeben sein.

Gegen die vorgeschlagene Modalität, um zur internationalen Münzeinigung zu gelangen, wonach der Sovereign auf den Münzfuss eines 25-Frankenstücks reducirt werden soll, haben sich der Kommission grosse Bedenken aufgedrängt. Diese liegen indess nicht so sehr in der dann erforderlichen Umprägung der jetzt im Vereinigten Königreich circulirenden Goldmünzen, deren Gesammtbetrag auf 80 bis 120 Millionen £ veranschlagt werde, denn diese lassen sich binnen 4 Jahren bewerkstelligen und die Unkosten (weniger als 150,000 £) würden durch den Schlagschatz reichlich ersetzt werden. Die Hauptschwierigkeit liege in den durch die fragliche Maassregel gebotenen Umrechnungen bei Erfüllung der unter der Herrschaft des früheren Münzsystems eingegangenen Zahlungsverbindlichkeiten. Wer früher ausgeliehene 100 £ nach Einführung des neuen Münzsystems zurückerhalte, habe Anspruch auf 100 £ 16 s. 8 d. u. s. w., denn der Sovereign enthalte 113 Grän, das 25-Frankenstück aber nur 112 Grän feines Gold. Bei der grossen Masse der im täglichen Verkehr vorkommenden kleinen Beträge sei eine solche Kompensation von etwa $^7/_8$ pCt. jedoch unthunlich. Es wird hierauf die Frage aufgeworfen, ob es nicht richtiger sei, die gewünschte Münzeinigung in der Weise herbeizuführen, dass der innere Werth des Sovereigns als internationale Münzeinheit angenommen werde, indem der Goldgehalt der 25-Frankenstücke um etwa 20 Centimes erhöht werde. Allerdings seien auf dem europäischen Kontinent die nach dem französischen System ausgeprägten Goldstücke in sehr grossen Summen im Umlauf, allein im Weltverkehr sei das Pfund Sterling eine noch weiter verbreitete und bekannte Münz- und Rechnungs-Einheit und regulire die Wechselkurse der Welt.

Die Kommission widerräth hiernach die zunächst in Vorschlag gebrachte Reduction des Sovereign auf den Werth des Fünfundzwanzig-Frankenstücks, knüpft aber daran folgende Schlussbemerkungen:

Die Erwägung der vorliegenden speciellen Fragen hat auf eine andere Frage von viel wichtigerer Bedeutung geführt, nämlich eine vollständige Gleichmachung des Geldwesens wenigstens der Haupthandelsstaaten. Es ist unzweifelhaft, dass ein einheitliches Münzsystem, welches die verschiedenen Währungen, Münzfusse und Rechnungswerthe, sowohl in den höheren Beträgen als auch in den Theilungen ausgleicht, grosse allgemeine Vortheile zur Folge haben müsste. Diese Vortheile würden natürlich noch bedeutender sein, wenn gleichzeitig ein einheitliches Maass- und Gewichtsystem angenommen würde, aber die Herstellung der Münzeinigung braucht deshalb nicht bis dahin, dass auch dieses gesichert ist, verschoben zu werden.

Die Kommission verkennt nicht die vielen und ernstlichen Schwierigkeiten, welche mit jedem Versuch, eine allgemeine Gleichmässigkeit des Geldwesens verschiedener Länder herbeizuführen, verbunden sind. Unter allen Umständen müssen sich die meisten, wo nicht alle Länder, welche zu solchem Zwecke ein Münzübereinkommen schliessen, grossen Inkonvenienzen unterziehen, allein an dem Ergebniss haben auch sämmtliche handeltreibenden Nationen ein Interesse, und England vor allen. Die Wahrscheinlichkeit des Gelingens einer solchen Uebereinkunft würde offenbar befördert werden, wenn die Last der Inkonvenienzen sich nicht auffallend ungleich auf die verschiedenen Staaten vertheilen würde.

Was die gemeinschaftliche Basis des allgemeinen Geldwesens sein soll, welche internationale Münze zu wählen ist, welches der Feingehalt, wie die Theilungen und Vielfachen der Münze sein sollen, das alles sind Gegenstände, worüber man zu einer Verständigung gelangt sein muss, bevor irgend eine internationale Münzeinigung erfolgen kann. Ueber alle diese Punkte können in den verschiedenen Ländern sehr verschiedene Ansichten herrschen, und von der Entscheidung hierüber hängt der Grad der Inkonvenienz ab, den jedes Land zu tragen haben würde. Bis zu welcher Ausdehnung ein Land solches Opfer für die Sache eines gemeinschaftlichen internationalen Münzsystems zu übernehmen willig ist, lässt sich nur durch Verhandlungen mit der Regierung jedes Landes feststellen.

Es ist einleuchtend, dass bevor irgend eine Verständigung zu Stande kommen kann, sehr schwierige und verwickelte Fragen zu erledigen, dass von der einen wie von der anderen Seite Zugeständnisse zu machen sein werden, und dass es auch einen wichtigen Gegenstand der Erwägung abgeben wird, wie weit ein Uebereinkommen dadurch erleichtert werden kann, dass man die in den einzelnen Ländern hierzu erforderlichen Veränderungen so weit mildert, als sich mit der Erreichung des gemeinschaftlichen Zweckes nur irgend verträgt.

Die Einberufung einer neuen allgemeinen internationalen Konferenz für diese Angelegenheit scheint von vielen Mitgliedern der Pariser Konferenz von 1867 ins Auge gefasst zu sein, und die Kommission ist ebenfalls der Meinung, dass so die vielfachen Fragen am besten erwogen, die mannigfachen Interessen der verschiedenen Länder erörtert und ihre abweichenden Ansichten durch dazu autorisirte Vertreter der verschiedenen Staaten in einer solchen Konferenz ausgeglichen werden könnten. —

Nachdem dieser Bericht nebst den Protokollen der stattgehabten Verschmungen und vielen Anlagen veröffentlicht worden, ist nachträglich die Stellung Englands zur internationalen Münzfrage noch in verschiedenen Schriften und Aufsätzen verhandelt worden; allein es scheint kein Grund zu der Annahme gegeben, dass die vorwiegende Auffassung dort inzwischen eine andere geworden oder zu werden die Tendenz hat. Eine besondere Förderung der internationalen Münzeinigung wird man von irgend welcher Initiative Englands schwerlich erwarten dürfen, wenn man sich nicht einer fruchtlosen Täuschung hingeben will. Nur der thatsächliche Vorgang der Vereinigten Staaten möchte wesentlichen Einfluss auch auf die Entscheidung Englands äussern, und in diesem Sinne muss es von Wichtigkeit erscheinen, dass auf diese Eventualität hin die Bestrebungen der Freunde der universellen Münzeinigung und des metrischen Maass- und Gewichtssystems auch in England nicht nachlassen; denn selbst nach solchem Vorgange wird dort die Reform nicht leicht zu erlangen sein.

Was nun die Vereinigten Staaten betrifft, ward Anfangs zuversichtlich die Hoffnung gehegt, dass gerade dort die Realisirung der Vorschläge der internationalen Münzkonferenz am ehesten, wenn auch zunächst nur in gesetzlichen Bestimmungen für die Zukunft, vor sich gehen werde. Denn der Bericht des amerikanischen Delegirten Ruggles empfahl solches rasches Vorgehen auf's entschiedenste und der Vorsitzende des Finanz-Komité des Senats in Washington, John Sherman, brachte in diesem Sinne alsbald eine Bill an den Kongress, wonach der Gold-Dollar auf den Werth des goldenen Fünffrankenstück reduzirt werden sollte, vorbehältlich einer Ausgleichung für die nach dem bisherigen Münzfuss eingegangenen Zahlungsverbindlichkeiten. Der Plan scheint aber in der öffentlichen Meinung noch wenig Anklang zu finden. Die Minorität des Komité des Senats hat durch ihr Mitglied Senator Morgan im Februar 1868 ein den Vorschlägen der Herren Ruggles und Sherman ganz entgegengesetztes Gutachten erstattet, wonach, wenn die Vereinigten Staaten sich zu einer so gewaltigen Aenderung, wie die angeregte durchgreifende Münzreform, entschliessen wollten, aus weit überwiegenden praktischen Gründen vor Allem der Anschluss an das britische Münzsystem in Betracht zu ziehen sei. — Ein anderer ganz neuer Plan, der weder dem bisherigen amerikanischen, noch dem französischen, noch auch dem englischen Münzsystem sich anschliesst, wurde am 21. Juli 1868 im Repräsentanten-Hause von Hrn. Wm. D. Kelley beantragt, wonach künftig der Dollar 1½ Gramm fein Gold (1⅔ Gramm Münzgold 9/10 f.) enthalten solle, unter Konvertirung der bestehenden Zahlungsverbindlichkeiten nach dem Verhältniss, 1000 bisherige $ = 1003 neue $. — Der Gegenstand blieb hiernach beim Kongress einstweilen auf sich beruhen, bis im April 1869 von Hrn. Sumner, Vorsitzenden des ständigen Senats-Comité für das Auswärtige, beim Senate eine neue Bill in Betreff des Münzwesens eingebracht wurde. Diese stimmt mit der früheren des Hrn. Sherman wesentlich überein, erklärt aber zugleich ausdrücklich, dass die neue Münzregulirung keine rückwirkende Kraft auf bestehende Rechtsverhältnisse haben solle. Man darf erwarten, dass unter dem vereinten Einfluss der Herren Sherman und Sumner der Senat die Bill annehmen wird, zumal Hr. Morgan inzwischen aus dem Senate geschieden ist. — Im Repräsentanten-Haus hat Hr. Kelley in der letzten Session seinen Antrag, wie es seine Absicht gewesen sein soll, nicht erneuert, indess ist von einem Beamten im Schatzamte derselbe in einem Memorandum näher entwickelt worden und diesen vom Secretair des Schatzamtes dem Kongress überwiesen. Es empfiehlt als internationale Münzgrundlage ein Goldstück von 30 Gramm fein Gold = 20 Dollar, 3 deutsche Goldkronen, 100 Franken, 1000 Pence (4 £), kommt also zurück auf die in Deutschland selbst allseitig zurückgewiesene „Krone" des Wiener Münzvertrags. — Wie sich nach dem Wiederzusammentreten des Kongresses im December 1869 die Münzfrage weiter gestalten wird, darüber lässt sich mit einiger Wahrscheinlichkeit jetzt keine Meinung äussern. Nur das darf man behaupten, dass ein baldiges Vorgehen Deutschlands mit der Annahme eines den Beschlüssen der internationalen Münzkonferenz von 1867 sich anschliessenden Münzsystems wesentlichen Einfluss auf die Entscheidung der Münzfrage in den Vereinigten Staaten äussern dürfte.

In Frankreich selbst sind die Vorschläge der internationalen Münzkonferenz von 1867 keineswegs mit derjenigen Entschiedenheit und allseitigen Zustimmung aufgenommen, welche zu erwarten man berechtigt war, wenn man erwägt, dass nicht allein die Konferenz auf Einladung der französischen Regierung in Paris zusammengetreten ist und unter Vorsitz von Franzosen berathen hat, sondern auch die Vorschläge in ihrem hauptsächlichen materiellen Inhalte der Art sind, dass durch deren Verwirklichung gerade für Frankreich und die mit ihm einen Münzverein bildenden Staaten die mindesten Schwierigkeiten und Unzuträglichkeiten erwachsen würden. Was von Frankreich verlangt wurde, beschränkt sich auf die Beseitigung der Doppelwährung, die ohnehin schon von den Mitkontrahenten des Münzvertrags vom 23. December 1865 von Anfang an gewünscht war, und die künftige Ausmünzung von 25-Frankenstücken.

Nirgend ist in der Presse und auch in Kommissionsberathungen heftiger und hartnäckiger gegen die Vorschläge der internationalen Münzkonferenz gekämpft worden, als in Paris selbst von den Herren M. Chevalier und Wolowski, deren ersterer das Gramm Gold $9/10$ f. als allein zulässige Grundlage einer künftigen universellen Münzeinigung festhielt, womit überdies der Vorzug verbunden sei, dass dann alle Nationen gleichmässig die Schwierigkeit des Uebergangs zu tragen hätten und jede Eifersucht in der Hinsicht wegfalle, während letzterer die Uebertragung der französichen Doppelwährung auf das künftige universelle Münzsystem im Interesse der möglichst zu sichernden Stabilität des Werthes des Geldes für nothwendig erklärt. Die von der französischen Regierung im März 1867 zur Beleuchtung der Währungsfrage niedergesetzte Kommission hatte sich in ihrem Berichte vom 24. Mai desselben Jahres (mit 5 gegen 3 Stimmen) für Aufrechthaltung der Doppelwährung ausgesprochen, und dies gab Veranlassung, nachdem von der internationalen Konferenz aufs bestimmteste die alleinige Goldwährung empfohlen war, eine erneuerte Prüfung eintreten zu lassen. Als Einleitung hierzu wurden die Handelskammern, die General-Steuereinnehmer und die Bank von Frankreich zur Begutachtung verschiedener auf die Währungsfrage bezüglichen Fragen aufgefordert. Von diesen erklärten sich 44 Handelskammern und 64 General-Steuereinnehmer für die Einführung der alleinigen Goldwährung, hingegen 20 Handelskammern, 14 General-Steuereinnehmer und die Bank von Frankreich für Aufrechthaltung der Doppelwährung, während die Gutachten von 2 Handelskammern und 9 General-Steuereinnehmern zweifelhaft lauten.

Die unter Ueberweisung dieses Materials durch Beschluss vom 22. Juli 1868 zur

Prüfung der Währungsfrage eingesetzte neue Kommission von 15 Mitgliedern hat am 9. März 1869 ihre Berathungen geschlossen und ihren Bericht festgestellt, welcher die Gründe der Majorität und der Minorität gegen und für die Doppelwährung klar und unpartheiisch vorlegt, und dann schliesslich auf nachstehende Beschlüsse der Majorität hinauskommt:

„Die alleinige Goldwährung ist für die Münzeinigung günstiger als die Doppelwährung. Sie ist auch vortheilhafter für den auswärtigen Handel und dabei geeigneter einen zugleich stabileren und bequemeren inländischen Geldumlauf zu bilden.

Um für Frankreich, ohne Kosten für die Finanzen, die vollständige Herrschaft der alleinigen Goldwährung herzustellen, genügt es, folgende Maassregel zu treffen:

1) Die Münzkonvention von 1865 in Gemeinschaft mit den betheiligten Staaten zu modificiren und ein diese Modifikation genehmigendes Gesetz in Frankreich herbeizuführen, welches für die Zukunft die Anfertigung von silbernen 5-Frankenstücken verbietet oder doch eng beschränkt, wobei für die noch vorhandenen Stücke dieser Münzsorte der davon in Zahlung zu nehmende Maximal-Betrag auf 100 Franken bestimmt wird. —

2) In ähnlicher Weise wäre durch Modifikation des Münzvertrags vom 23. December 1865 Frankreich zur Prägung eines Goldstücks von 25 Franken zu ermächtigen, was dann gesetzlich festzusetzen ein Decret genügen würde.*)

Es muss nun abgewartet werden, ob die Französische Regierung im Sinne dieser Vorschläge ihrer Kommission demnächst weitere Schritte thun wird. Eine baldige Entscheidung hierüber erscheint für die weitere Entwickelung aller Fragen der internationalen Münzeinigung von grösster Bedeutung.

V.

Die Aufgaben und Ziele Deutschlands in der Münzfrage bei der gegebenen Sachlage.

In den vorhergehenden vier Abschnitten ist versucht, die gegenwärtigen Münzzustände in Deutschland, deren hauptsächliche Unzuträglichkeiten und Mängel, die bisherigen Bestrebungen zur Herstellung eines besseren und einheitlichen deutschen Münzwesens und die in neuester Zeit stattgefundenen Verhandlungen zum Zweck internationaler Münzeinigung vorzuführen oder doch in Erinnerung zu bringen. Nach dieser Vorbereitung haben wir die praktischen Aufgaben der Deutschen Regierungen hinsichtlich der Münzreform in's Auge zu fassen. Diese schliessliche Erörterung wird sich unmittelbar an die Resolution des letzten Deutschen Handelstages anknüpfen lassen. Dieselbe lautet wie folgt:

1) Die baldige Herbeiführung einer zweckmässigen Münzeinheit in allen Deutschen Staaten erscheint nach wie vor höchst wichtig und wünschenswerth.

---

*) Eine eingehende Besprechung des Berichts der letzten Kommission, von Hrn. A. Blaise, findet man im April-Heft des Journal des Economistes. Der Verfasser, welcher im Uebrigen den Beschlüssen der Majorität der Kommission durchaus beipflichtet, vermisst in den Vorschlägen die wünschenswerthe Beseitigung der goldenen Fünffrankenstücke, die eine wegen ihres kleinen Volumens und starker Abnutzung unpassende Münzsorte seien, ferner eine definitive Beseitigung der silbernen Fünffrankenstücke nach dem jetzigen Münzfusse, und endlich die Ausprägung eines Fünffrankenstücks zu $835/1000$ Feingehalt als Scheidemünze.

2) Was die Modalität des künftigen einheitlichen Deutschen Münzwesens anlangt, so werden die dieserhalb von dem Handelstage 1861 und 1865 genehmigten Vorschläge zu einer auf Grund der beizubehaltenden alleinigen Silberwährung einzuführenden einheitlichen Rechnung nach Mark (drittel Thaler) zurückgezogen und dagegen Folgendes empfohlen:

3) Münzeinheit und zugleich eine allgemeine zeitgemässe Münzreform in Deutschland ist in der Weise herbeizuführen, dass sämmtliche Deutsche Staaten gleichmässig die alleinige Goldwährung mit konsequenter Durchführung des Decimalsystems annehmen, im Anschluss an die von der internationalen Münz-Konferenz in Paris in ihrem Berichte vom 6. Juli 1867 empfohlenen Grundsätze.

4) Was das künftige Münzsystem, nach Annahme der Goldwährung, betrifft, wird insbesondere auf die Vorschläge hingewiesen, eine dem goldenen Fünf-Frankenstück genau gleichstehende Werth- und Rechnungs-Einheit, mit ihren decimalen Vielfachen und mit Theilung in 100 Schillinge, einzuführen, oder auch als Rechnungseinheit den Gulden anzunehmen, als zehnten Theil einer dem Fünfundzwanzig-Frankenstücke identischen hauptsächlichen Goldmünze, mit der Theilung in 100 Kreuzer.

Man hat der Fassung vorstehender Resolution den Vorwurf gemacht, dass sie in voreiliger Weise sich schon über specielle Modalitäten des künftigen Deutschen Münzsystems ausspreche und so, bevor noch die Erreichung der principiellen Hauptpunkte gesichert erscheine, schwierige und sehr zweifelhafte Fragen der eventuellen Anwendung herbeiziehe, welche zu discutiren ganz überflüssig ist, falls die Opportunität der Münzreform überhaupt nicht zur Anerkennung gebracht werden kann. Dass diese Einrede an und für sich eine gewisse Berechtigung hat, muss eingeräumt werden. Das Motiv, das die Hineinziehung des betreffenden Zusatzes veranlasst hat, wird vornäumlich auch nur in einer Zweckmässigkeitsrücksicht zu suchen sein. Münzreformen greifen so vielseitig und so mächtig in alle täglichen Lebensverhältnisse ein, ihre konkrete Seite erweckt ein so unmittelbares und lebhaftes Interesse, dass fast Jeder unwillkürlich bei Erörterung von Münzfragen die allgemeinen und abstracten Normen (wie alleinige Goldwährung, Decimalsystem, Münzeinheit) sich in bestimmten Formen verwirklicht vorstellen muss, um sich darüber ein Urtheil zu bilden. Bei keiner Angelegenheit möchte die Gefahr näher liegen als bei einer erstrebten Münzreform und Münzeinigung, dass man, um mit einem schon mehrfach hierzu benutzten Bilde zu reden, sich über die Theilung des Bärenfells streitet, ehe noch das Thier selbst erlegt ist. Der grossen Mehrzahl wird es wesentlich leichter und interessanter sein, die Gründe für und gegen einen neuen Münztheilungsplan zu entwickeln und zu prüfen, als den Uebergang dazu und die mit der Durchführung verbundenen Schwierigkeiten gehörig zu erwägen und praktische Vorschläge zu deren Beseitigung zu begründen. Es scheint nun einmal dazu zu gehören, schon vorweg die Modalität der gewünschten Münzreform in die Erörterung der Vorfragen mit hineinzuziehen, und daher hat die Resolution des Handelstages neben Beantragung der allgemeinen Grundzüge: internationale Münzeinheit, Decimalsystem, alleinige Goldwährung, eventueller Anschluss an das Streben nach universeller Münzeinigung, beiläufig auch auf einige vorwiegend empfohlene Systeme aufmerksam machen zu dürfen geglaubt. Auch hier wird noch Einiges darüber zu erwähnen sein, indess mit dem ausdrücklichen Vorbehalt, dass es mit dem Bewusstsein einer nur beiläufigen Erläuterung geschieht und dass es sich vorerst noch nicht um diese Entscheidung handeln kann.

Folgende Modalitäten sind, unter Voraussetzung der Anerkennung der eben genannten Grundzüge, für das künftige Deutsche Münzsystem hauptsächlich in Betracht gekommen.

a. Beitritt zum System des internationalen Münzvertrags vom 23. December 1865, jedoch unter Beseitigung der Doppelwährung, also auch Annahme der Rechnung nach Franken und Centimen, etwa mit der Benennung Mark und Pfennig.

Diese Modalität gewährt den Vortheil vollständiger Uebereinstimmung mit Frankreich, Belgien, der Schweiz, Italien einschliesslich des Kirchenstaates, Spanien, Griechenland und Rumänien. Wenn auch Deutschland sich anschliesst, wird dadurch für mehr als 130 Millionen Bewohner in Europa Gleichheit des Münz- und Rechnungswesens sofort hergestellt sein. Der weitere Anschluss der übrigen Staaten des europäischen Kontinents sowie von Amerika dürfte dann wahrscheinlich nicht lange auf sich warten lassen. Die so erlangte Münzeinigung würde, wie Manche annehmen, indem die Uebereinstimmung sich nicht auf einige Münzstücke und Herstellung einfacher Reductionsverhältnisse beschränkt, sondern auf das ganze Münzsystem erstreckt und völlig gleiche Werth-Einheiten und Theilungen herbeiführt, den wichtigsten praktischen Zweck erreichen, welcher allein die auf internationale Münzeinigung gerichteten vielen Bestrebungen rechtfertigen könne. Ein anderer Vortheil würde darin gefunden werden, dass man in der vorhandenen grossen Menge der in Frankreich seit 1850 ausgeprägten Zwanzig- und Zehn-Frankenstücke gleich ein ohne alle Umrechnung zu benutzendes ausreichendes Mittel für die neue Cirkulation erhielte.

Die Annahme des Systems des Münzvertrages vom 23. December 1865 würde übrigens an sich nicht bedingen, dass Deutschland dem Vertrage selbst förmlich beitrete; es liesse sich damit vereinigen, dass in Deutschland die Ausprägung der unbequemen goldenen Fünf-Frankenstücke unterbliebe und successive, gegen Einziehung der vorläufig als Scheidemünze zu belassenden Thalerstücke, silberne Fünf-Frankenstücke als Scheidemünze (für Beträge unter 20 Franken) zum gleichen Feingehalt wie die übrigen silbernen Scheidemünzen ausgeprägt würden.

Die Einwendungen gegen diesen Vorschlag bestehen hauptsächlich darin, dass der Frank und respective der Centime zu kleine Rechnungseinheiten seien und der Uebergang von der bisherigen Rechnung nach Thalern und Groschen oder von Gulden und Kreuzern zu der Franken- und Centimen-Rechnung höchst unbequem sei. Die Vertheidiger dieser Modalität bestreiten dies freilich wiederum und weisen auf den für die Ausgleichung günstigen Umstand hin, dass der jetzige Preussische Pfennig und der Französische Centime sich im Werthe äusserst nahe stehen, dass das Reductionsverhältniss von 1 Frank = 8 Silbergroschen den Uebergang erleichtere und in vielen Theilen Süddeutschlands der Werthbegriff der Franken schon sehr geläufig sei.

b. Annahme des vom ersten und dritten Deutschen Handelstage empfohlenen einheitlichen Rechnungssystems nach Mark (Dritteltalern) mit Decimaltheilung, jedoch mit der fundamentalen Aenderung, dass unter dem Werth einer Mark künftig nicht mehr der neunzigste Theil eines Pfundes Fein-Silber, sondern die bestimmte Quote einer Landes-Goldmünze verstanden wird.

    Der Vorzug dieses Systems besteht darin, dass der bisherige Werth des Silbergroschens im täglichen kleinen Verkehr beibehalten würde und dass die Thaler- und Fünfgroschenstücke ferner bequem als Scheidemünze dienen könnten, dass hierdurch die Einführung der Goldwährung und des neuen Münzsystems für die Masse der Bevölkerung im grössten Theile von Deutschland, wo jetzt nach Thalern und Groschen gerechnet wird, in möglichst leichter und wenig bemerkbarer Weise vor sich gehen könnte. — Gegen diesen Vorschlag wird aber eingewendet, dass die Rechnungseinheit der Mark zu klein sei und dass für die Süddeutschen Staaten der Uebergang zur Mark-Rechnung ebenso schwierig und unbequem sein würde wie zum Frankensystem, ohne ihnen gleiche Annehmlichkeiten im internationalen Verkehr zu verschaffen; es würde überdies eine neue Goldmünze zum Worthe des 12½-Frankenstücks herzustellen sein, um das einfache Multiplum der Mark zu erhalten, und eine solche Vermehrung der Goldmünzsorten sei nicht wünschenswerth.

    c. Annahme des goldenen Fünffrankenstücks als Guldthaler à 100 Schilling, welcher Schilling identisch wäre mit dem französischen Sou. Dieses System bietet die Vorzüge, dass die Rechnungseinheit als eine passende Grösse betrachtet werden darf und dass die Annahme desselben ein neues Motiv sein möchte, die Vereinigten Staaten zu bestimmen, ihren Dollar auf den genauen Werth des Fünffrankenstücks zu bringen, wonach dann der künftige deutsche Goldthaler und Schilling mit dem amerikanischen Dollar und Cent ganz gleich würden. Wenn dies erreicht wäre, sei nicht unwahrscheinlich, dass diejenigen Staaten, welche jetzt nach Franken rechnen, in Erwägung zögen, im Interesse einer gleichen internationalen Rechnungseinheit, zumal der Sou ein passenderer Betrag für den täglichen kleinen Verkehr als der Centimo abgicht, ebenfalls dieses System zu adoptiren. — Gegen das System wird angeführt, dass der Uebergang zu demselben, welcher Werthe von 40 Sgr. und 2½ Pfennige an die Stelle der bisherigen Rechnungsgrössen von Thaler, Groschen und Pfennige setzen würde, viel schwieriger wäre, als der Uebergang zu dem gleich hiernach zu besprechendem System der in Goldwährung übertragenen Rechnung nach österreichischen Gulden à 100 Kreuzer, und dass die Aussicht auf die Assimilirung des amerikanischen Dollars höchst unsicher sei.

    d. Die eben schon angedeutete vierte Modalität, die Annahme der Goldwährung im Anschluss an das System des Münzvertrags vom 23. December 1865, mittelst einer Guldenrechnung hat bereits durch die vorläufige österreichisch-französische Münzübereinkunft vom Juli 1867 einen präcisen Ausdruck gefunden. Es würde hiernach als Rechnungseinheit der Goldgulden (= 2½ Franken) angenommen, mit Theilung in 100 Kreuzer und mit Ausprägung eines 10-Guldenstücks, identisch mit dem 25-Frankenstück. Zur Empfehlung dieses Systems wird geltend gemacht, dass der Goldgulden als Rechnungsmünze einen allmähligen Uebergang zur Goldwährung am besten vermitteln würde, indem er gestattet die Münzreform mit der Neueinrichtung der Scheidemünzen zu beginnen und damit sofort ein einheitliches und decimal gegliedertes Münzsystem für ganz Deutschland zu erlangen, unter einstweiliger Beibehaltung der Thalerstücke als Währungsmünzen, bis hinreichender Vorrath an Goldmünzen angeschafft sei; dass ferner der Goldgulden sich an die bisherigen deutschen

Rechnungsmünzen besser anschliesse als der Frank und dass endlich der Goldgulden als Rechnungsmünze zu dem nach Lage der Sache vollkommensten Münzsystem führe, indem der Goldgulden grade den zehnten Theil des als internationale Weltmünze destinirten 25-Frankenstücks bilde. Ausserdem werde durch die Annahme des Goldgulden die völlige Uebereinstimmung des deutschen und österreichischen Münzwesens hergestellt. — Gegen den Goldgulden wird geltend gemacht, dass das Ziel einer universellen Rechnungseinheit nur durch das Frankensystem erlangt werde und dies das Opfer eines schwierigeren Uebergangs werth sei, dass aber, wenn man davon absehe, die rücksichtlich des zu erleichternden Uebergangs zur Goldwährung hervorgehobenen Gründe auch für den Goldthaler zuträfen, da dieser genau das Doppelte des Gulden bilde, während die grössere Rechnungseinheit den Vorzug verdiene und die wechselseitige Berechnung zwischen Franken und Goldthalern bequemer sei.

Auf sonstige Vorschläge für ein künftiges universelles und damit auch deutsches Münzsystem, auf Grundlage der Goldwährung, aber losgelöst von dem französischen System, wie Schaffung einer neuen Rechnungseinheit, resp. Goldmünze zu 145 oder zu 150 Centigramm Fein-Gold, oder zu 10 Gramm Münzgold etc. näher einzugehen, ist hier um so weniger der Ort, als überhaupt, wie wir bemerkt haben, die Frage der Modalität der künftigen Rechnungseinheit und Münze hier nur zur Erläuterung beiläufig besprochen wird und erst nach Erledigung der nothwendigen Vorfragen zur sorgsamsten Erörterung kommen darf. —

Aehnlich verhält es sich mit einer anderen, nicht minder wichtigen und schwierigen Seite der Münzfrage. Welche Modalität für ein künftiges Deutsches Münzsystem auf Grund der Goldwährung immer auch gewählt werden möge, man wird vor dem Uebergange eine bestimmte Entscheidung darüber zu treffen haben, ob, und eventuell welche Rückwirkungen der Münzveränderung in rechtlicher Beziehung auf zur Zeit des Uebergangs bestehende Zahlungsverbindlichkeiten beizulegen sind. Auch in dieser Beziehung wird erst später, nachdem die Vorfrage einer Annahme der alleinigen einheitlichen Goldwährung entschieden sein wird, eine eingehende Prüfung stattzufinden brauchen, allein eine vorläufige kurze Besprechung erscheint schon hier angezeigt, damit nicht eine vorgefasste Meinung von der Unmöglichkeit einer Lösung dieser rechtlichen Seite der Frage davon abhalte, überhaupt dem Plane einer Annahme der alleinigen Goldwährung statt der bisherigen alleinigen Silberwährung näher zu treten. Die folgenden Bemerkungen bezwecken mithin nur eine allgemeine Berührung dieses Punktes, zur Erläuterung einiger zunächst von uns zu erörternden Vorfragen, die zur Entscheidung zu bringen sind, um mit der wirklichen Ausführung der Münzreform endlich weiter zu kommen.

Von den Preisschriften, welche der Handelstags-Ausschuss hauptsächlich über die rechtliche Seite der Frage des Uebergangs zur Goldwährung veranlasst und veröffentlicht hat, sind sehr verschiedene Ansichten geltend gemacht worden.

Herr Dr. H. Grote behauptet, dass die Einführung der Goldwährung statt der Silberwährung eine finanzielle, eine handelspolitische, eine nationalökonomische Maassregel sei, mit welcher juristische, auf privatrechtliche Verpflichtungen bezügliche Folgen oder Rückwirkungen an sich gar nicht verbunden sind und sein dürfen. — Es sei überhaupt keine Werthrelation für Konvertirung bestehender Zahlungsverbindlichkeiten zu bestimmen, denn eine solche Bestimmung würde eine rechtswidrige, aus reiner legislativer Willkür hervorgegangene, aber zugleich eine, behuf des Ueberganges von der Silberwährung zur Goldwährung völlig entbehrliche und überflüssige Maassregel sein. „Die privatrechtlichen Verhältnisse können und dürfen nicht anders als im Einverständniss beider Theile abgeändert werden; ein anderes ist weder nothwendig noch nützlich. Zahlungsverbindlichkeiten werden daher stets nach derjenigen Währung und in derjenigen Münzsorte zu erfüllen sein, nach und in welcher sie bedungen sind. Die Zahlmittel der abgeschafften Währung werden fortdauernd so lange mit Leichtigkeit zu haben sein, als nicht etwa der Verkehr selbst sie aus dem Umlauf verdrängt, und dies wird ganz gewiss nicht geschehen, so lange sie nicht entbehrt werden können und fortdauernd zur Erfüllung privatrechtlicher Verpflichtungen erforderlich sind, also eine gesuchte Waare bleiben und bei eintretendem Mangel daran mit Vortheil fortdauernd neu ergänzt werden." — „Wenn die Goldverhältnisse sich so umgestalten, dass die Beibehaltung eines Zahlmittels dem einen oder gar beiden Betheiligten nachtheilig wird, so wird es schwerlich an Gelegenheit fehlen, die Verpflichtung durch Einverständniss umzuwandeln, und in den meisten Fällen wird dies schon zeitig geschehen, sei es auf die eine oder die andere Weise. Es findet dieses sogar, wie die Erfahrung lehrt, auch bei unkündbaren Renten statt; es giebt deren, die aus dem Mittelalter stammen, und seitdem — wie oft schon — convertirt sind. Wenn — unwahrscheinlichsten Falls — einst in späteren Zeiten in vereinzelten Fällen sich Schwierigkeiten darlegen sollten, so mag alsdann — aber alsdann erst die Gesetzgebung nachhelfen nach bestem Ermessen." — „Mögen die Leute zusehen, wie sie miteinander fertig werden — das werden sie selbst vorstehen. Streiten sie sich darüber, so wird der Richter schon wissen, wie er zu entscheiden hat; dem hilft sein Justinian, der im voraus für Alles gesorgt hat. Nur die Gesetzgebung braucht deshalb weiter sich nicht zu bemühen."

Der Verfasser der zweiten Preisschrift, Münzmeister G. Millauer in München, vertritt eine durchaus entgegengesetzte Ansicht. „Die Substituirung des neuen gesetzlichen Zahlmittels an Stelle des bisherigen, macht Bestimmungen nothwendig, nach welchen die in der früheren Silbervaluta contrahirten Verbindlichkeiten in der neuen Goldvaluta abzutragen sind. Es ist selbstverständlich, dass die Wahl des Maassstabes, welcher den Reductionsbestimmungen zu Grunde gelegt werden soll, keine ungebundene und willkürlich freie sein kann, dass ihr vielmehr ein rechtlicher Grund unterstellt werden muss, der freilich nur vermittelnden Charakter haben wird. Um ihn aufzufinden, mag der Fall gedacht werden: der Schuldner einer Geldsumme in Silber wolle seinen Gläubiger befriedigen, nachdem die Goldwährung eingeführt worden ist, ohne dass jedoch Bestimmungen von in Silber eingegangenen Zahlungsverbindlichkeiten in der neuen Währung schon bestanden. Da der Schuldner seiner Zeit Geld, d. h. Waare mit universeller Vertretungsfähigkeit erhalten hat, welche damals Silber war, Silber aber jetzt demonetisirt, d. h. zur gewöhnlichen Waare abgewürdigt worden ist, so kann der Gläubiger nicht mehr durch Silber, sondern nur wieder durch Waare mit universeller Vertretungsfähigkeit, jetzt also durch Gold, befriedigt werden, und zwar nach einem, wirthschaftlich und rechtlich gleich wichtigen Grundsatz, durch so viel Gold als davon zur Zeit der Entstehung der Schuld am Orte des Contracts für die geliehene Summe in Silber zu erhalten war; wobei die Preisfluctuationen zwischen Gold und Silber in der

Zwischenzeit ohne Berücksichtigung bleiben." — Herr M. bemerkt sodann, dass es zwar in den meisten Fällen nicht schwer sein würde, die genaue Werthrelation ausfindig zu machen, unter deren Zugrundelegung ältere Zahlungsverbindlichkeiten nach dem Grundsatz der Billigkeit zu begleichen wären, allein im Grossen und Ganzen wäre Dies ebenso schwierig, als wenn man während des Uebergangsstadiums zur Goldwährung und vor Abschluss derselben alle in Silber bestehenden Zahlungsverbindlichkeiten, soweit sie kündbar sind, künden und dafür nach freiem Uebereinkommen neue begründen wollte, die auf Gold lauteten. Für viele Fälle, z. B. Leistungen an den Staat u. dgl., könne ohnehin jener allgemeine Grundsatz nicht in Anwendung gebracht werden, und stelle sich darum die Nothwendigkeit heraus, einen allgemeinen und gemeinsamen Reductionsmaassstab aufzustellen, nach welchem alle Arten Zahlungsverbindlichkeiten, so weit nicht besondere Vorbehalte und rechtliche Bestimmungen ausdrücklich dagegen sind, gleichförmig behandelt werden können, ohne dass sich von der Billigkeit zu weit entfernt werde. Als solchen Maassstab für die in diesem Jahrhundert entstandenen Zahlungsverbindlichkeiten glaubt Herr Millauer, wenn der Uebergang zur Goldwährung jetzt stattfände, die Werthrelation von 1:15½ vorschlagen zu sollen, während für die seltener vorkommenden, in Silber ausbedungenen Zahlungsverbindlichkeiten aus älterer Zeit die zur betreffenden Zeit und am betreffenden Ort üblich gewesene Werthrelation in jedem Falle besonders zu ermitteln sei.

Dem Verfasser der dritten Preisschrift, Herrn Herm. Weibezahn, ist es unzweifelhaft, dass der Staat berechtigt sei, im Wege der Gesetzgebung die Bestimmung zu treffen, dass allen auf Silber lautenden Verpflichtungen durch ein bestimmtes Quantum Gold solle genügt werden können. Aber nicht nur vom formellen Rechtsstandpunkte, sondern auch vom Standpunkte der Moral aus betrachtet, sei dem Gesetzgeber ein jedes Eingreifen in die Rechtssphäre des Einzelnen unter der Voraussetzung erlaubt, dass das Interesse der Gesammtheit die betreffenden Umgestaltungen erheische, wobei der Gesetzgeber sich indess der Verpflichtung nicht entziehen dürfe, die Schadloshaltung der durch solche Veränderungen Betroffenen sich angelegen sein zu lassen. — Die Antwort auf die Frage, welches Werthverhältniss zwischen Gold und Silber der Konvertirung der früher in deutschen Silbermünzen bedungenen oder herkömmlichen Zahlungen in die neuen Goldmünz Einheiten zu Grunde zu legen sein würde, sei an und für sich eine sehr einfache, denn sie könne nur dahin lauten, dass dies die durchschnittliche oder mittlere Werth-Relation sein müsse; die Schwierigkeit beginne erst mit der Beantwortung der weiteren Frage: welches Werthverhältniss ist für die Gegenwart als das mittlere oder durchschnittliche zu betrachten? In der ersten Hälfte unseres Jahrhunderts habe die mittlere Werthrelation sich ungefähr wie 1 zu 15.44 verhalten, in der Periode von 1851—1867 aber wie 1 zu 15.32, und letzteres habe die Wahrscheinlichkeit der Dauer für sich. Der Verfasser ist hiernach der Ansicht, dass die Werthrelation von 1:15.32 (5 ℳ 10 Sgr. = 1 Zwanzigfrankenstück) für die Konvertirung zu bestimmen sei, verkennt aber dabei nicht, dass die Verpflichteten durch solche Bestimmung von directen Nachtheilen betroffen würden, wenn im Augenblick des Uebergangs das Gold einen höheren als den mittleren Tauschwerth einnimmt. Sollten die Zahlungspflichtigen das ihren Gläubigern zu gewährende Mehr an Tauschwerth aus eigenen Mitteln anzuschaffen haben, so läge, bemerkt der Verfasser, eine Rechtsverletzung der eclatantesten Weise vor.

Dieses sei aber dann keineswegs der Fall, wenn der Staat durch Ausprägung der erforderlichen Goldmünzen, welche er allerdings nur in dem mittleren Werthverhältnisse zwischen Gold und Silber in Umlauf bringen dürfte (also z. B. Zwanzig-Frankenstücke zu 5 ⅊ 10 Sgr.), allen Schuldnern Gelegenheit biete, ohne Aufwendung von grösseren Mitteln als bisher sich diejenigen Münzen zu verschaffen, welche nach vollzogenem Uebergange zur Goldwährung nur noch als Währungs- und Umlaufs-Münze zulässig sind. Die Lasten welche dem Staate aus dem Uebergange zur Goldwährung auf der Basis einer Werthrelation von 1 zu 15.₃₂ bei dem augenblicklichen Werthverhältnisse von 1 zu 15.₆₀ erwachsen würden, seien allerdings keine ganz unerheblichen (nach annähernder Schätzung etwa 4 Millionen Thaler), allein wo es sich darum handele, die deutschen Münzzustände endlich auf einheitlicher und zeitgemässer Basis von Grund auf umzugestalten, könne jenes Opfer nicht als ein solches betrachtet werden, um jene Reform auf unbestimmte Zeit zu vertagen.

In der vierten Preisschrift wird für den Fall eines Ueberganges zum Frankensystem die Anwendung der Doppelwährung, in demselben Verhältniss wie beim französischen System, also 27 ⅊ gleichgestellt 100 Franken (oder rund gerechnet 1 ⅊ = 370 Centimen), für die Konvertirung der älteren Zahlungsverbindlichkeiten empfohlen. So lange das Gold mehr als 465 ⅊ das Pfund koste, würde dasselbe wenig zu sehen sein und Silberthaler und Silberfrankenstücke die Grundlage des Verkehrs bilden; sobald aber der Preis des Pfundes Gold unter 465 ⅊ fiele, würden die Goldmünzen bald den Verkehr allein vermitteln, mit alleiniger Ausnahme des Kleinverkehrs, für welchen die Scheidemünzen dienen, und die Silber-Kurantmünzen bald durch Exportation und Einschmelzung verschwinden; der Nachtheil der Gläubiger für Verbindlichkeiten aus der alten Währung bestände, genau genommen, nur in einem entgangenen imaginären Gewinne, denn die in Empfang genommenen Goldmünzen liessen sich wieder zum Nennwerthe verwerthen.

In der fünften Preisschrift finden sich folgende eigenthümliche Vorschläge zur Regulirung älterer Zahlungsverbindlichkeiten nach beschaffter vollständiger Einführung der Goldwährung, welche der Staat dadurch allmählig einzuleiten habe, dass er die Goldmünze zu einem den Tagescours etwas überschreitenden Werthe bei den öffentlichen Kassen annimmt und dadurch das Einströmen und die Ausmünzung von Gold sowie die Verwendung von Goldmünzen auch im Privatverkehr zu gleichem Werthe befördert. Wenn auf diese Weise die Goldmünzen im täglichen Verkehr keine Seltenheit mehr sind, könne durch gesetzliche Anordnungen die allmählige Verdrängung des Silbers und dagegen die Einführung des Goldes als ausschliessliches gesetzliches Zahlungsmittel erzielt werden, wobei darauf Bedacht zu nehmen, den Zeitpunkt, an welchem das Gesetz in Wirksamkeit treten soll, möglichst lange vorher bekannt zu machen, weil dann die Schuldner nicht so leicht in's Gedränge gerathen, und weil nur hierdurch dieses an und für sich harte, aber unumgänglich nothwendige, Gesetz einigermaassen milder gemacht werden könne.

Bei allen Zahlungsverträgen, in welchen nur die Abführung einer gewissen Summe, ohne nähere Bezeichnung der Münzen, stipulirt worden, wird der Schuldner sich liberiren können, wenn er überhaupt in der landesüblichen Münze die ihm obliegende Zahlung leistet. Bei Zahlungsverbindlichkeiten hingegen, bei welchen neben den Summen auch die Münzsorten stipulirt sind, hat der Kontrahent, der eine Abänderung des festgesetzten Zahlungsmittels wünscht, keinen anderen Weg als den der Novation. Bei bereits fälligen, oder doch bei nach vorgängiger Kündigung in kurzer Zeit fällig werdenden Forderungen dieser Art, wird es dem die Novation wünschenden Kontrahenten leicht sein, ohne besondere Nachtheile zu seinem Ziele zu gelangen, wenn er das Obligationsverhältniss löst oder durch Kündigung den andern Kontrahenten zur Novation zu bestimmen sucht. Fälle dieser Art bedürfen demnach einer gesetzlichen Regelung gar nicht, weil jeder Kontrahent durch die bezeichneten rechtzeitigen Handlungen den ihm durch Einführung der Goldwährung drohenden Nachtheil selbst abwenden kann. — Anders verhält es sich aber bei jenen Zahlungsverbindlichkeiten dieser Art, welche für mehrere Jahre unaufkündbar sind, oder von dem Eintritt oder Nichteintritt dieser oder jener Thatsache, somit von Bedingungen abhängig sind. Hier kann der Gegner durch Auflösung oder Kündigung des Rechtsverhältnisses zur Novation desselben nicht gezwungen werden. Da jedoch auch diese Rechtsverhältnisse unter der Voraussetzung abgeschlossen wurden, dass sich bis zu ihrer Lösung die Währungsverhältnisse nicht ändern würden, und da es für den Gläubiger sowohl als auch für den Schuldner unter Umständen äusserst unangenehm wäre, wenn jener nach mehrjähriger Einführung der Goldwährung, statt der landesüblichen Goldmünzen, die in einem uralten Vertrage stipulirten Silbermünzen zur Zahlung annehmen, dieser dagegen sie leisten müsste, so dürfte es auch angezeigt sein, dass für diese besonderen Fälle eine gesetzliche Bestimmung dahin erlassen werde, dass auf einseitigen Parteiantrag hin dergleichen erst später fällig werdende oder an eine Bedingung geknüpfte Zahlungsverbindlichkeiten schon nach Verstreichen einer dem Gegner zur Erinnerungsabgabe vorgesetzten kurzen Frist kraft des Gesetzes novirt werden. Wäre der Gegner hiermit nicht einverstanden, so müsste er innerhalb der erwähnten Anschlussfrist seine Erinnerungen gegen die beantragte Novation vorbringen und sein Interesse liquidiren, über welche Punkte alsdann bei ihrer Nichtanerkennung durch den Antragsteller die Gerichte zu entscheiden hätten.

In einer kurz vor Herausgabe der oben angezogenen Preisschriften erschienenen Abhandlung des Professors G. Hartmann in Basel: „Ueber den rechtlichen Begriff des Geldes und den Inhalt von Geldschulden" wird über die uns hier beschäftigende Frage (S. 82—84) bemerkt:

„Unter normalen Verhältnissen unterliegt die Bestimmung des Umrechnungsfusses im Allgemeinen gar keinem Zweifel und Bedenken. Denn wenn auch der Werth der Münze, und der entsprechenden Einheit Barrenmetall keineswegs identisch sind, so versteht es sich doch, dass Münzen, die eine verschiedene Menge von Edelmetall darstellen, sich in ihrem Werthe gerade so zu einander verhalten, wie die Gewichtszahlen des von ihnen dargestellten reinen Edelmetalles selbst.

„Eine Schwierigkeit ergiebt sich hier nur noch, wenn zu einem andern Metall als Grundlage der Währung übergegangen wird, wie es bei der Haltung der meisten anderen Münzsysteme für die Staaten, welche bisher noch an der Silberwährung festhalten, nur eine Frage der Zeit wird sein können. Hier muss nothwendig auf das im freien Verkehr zwischen Gold und Silber bestehende Verhältniss zurückgegangen werden. Entscheidender Zeitpunkt dafür kann aber unmöglich der Moment der späteren solutio jeder einzelnen Schuld sein. Denn eine auf eine feste Münzsumme einmal abgestellte Schuld kann nicht rücksichtlich der Höhe ihres Betrages für einen ganzen Zeitraum auf das Ungewisse gesetzt werden, wovon die Unzuträglichkeiten bei einem schwebenden verzinslichen Darlehn am klarsten hervortreten würden. Auch würde damit gar leicht eine thatsächliche Benachtheiligung der Gläubiger gegeben sein. Denn wenn ein grosses Land plötzlich den grössten Theil seines bisherigen Münzmetalls auf den Markt wirft, kann es nicht fehlen, dass für die ganze nächste Zeit eine merkliche Werthverringerung desselben begründet wird, ohne dass mit der relativen Preissteigerung des anderen, gesuchten Edelmetalls eine entsprechende Erhöhung seiner Kaufkraft gegenüber andern Waaren Hand in Hand ginge.

„Umgekehrt, für jede einzelne Schuld auf den Kurs zur Zeit ihrer Entstehung zurückzugehen, würde es, abgesehen von dem Verstoss gegen das Princip der Praktikabilität des Rechts, auch an allem juristischen Grunde fehlen. Hiernach bleibt Nichts übrig, als auf Grund des durchschnittlichen Kurses unmittelbar vor der Zeit des Ueberganges den Werth allgemein zu fixiren; wobei es Sache der auf nationalökonomische Untersuchung gestützten legislativen Erwägung im einzelnen Fall sein muss, eine Zeit relativ dauerhaften Kursen für den Uebergang auszuwählen und die Grenzen für den Durchschnitt richtig festzustellen."

Professor Goldschmidt (Handbuch des Handelsrechts. 1. Bd. 2. Abthlg. Erlangen 1868, S. 1175 f.) äussert sich über die Frage folgendermaassen:

„Regelmässig ergehen bei Aenderungen des Münzfusses oder auch nur des Nennwerthes einzelner Münzsorten innerhalb des im Allgemeinen beibehaltenen Münzfusses besondere transitorische Vorschriften. Solcher bedarf es vornämlich bei einer Aenderung des Währungssystemes, z. B. bei Annahme der Goldwährung an Stelle der Silberwährung. Hört das Silbergeld für grössere Beträge auf, gesetzliches Zahlungsmittel zu sein, so müssen alle in Silber bedungenen Zahlungen in Gold geschehen, denn der Gläubiger hat ein Recht auf Zahlung in der Währung, und der Schuldner ist befugt wie verpflichtet, in der Währung, also in Gold, zu zahlen; die Zahlung in Silbergeld oder in Silberbarren wäre nicht mehr Zahlung in Währung. Da nun für Silber zu Gold niemals ein Nennwerth bestand, weder zur Zeit der Schuldbegründung noch zur Zeit der Schuldzahlung, so könnte nur der Kurs von Silber zu Gold, und zwar, sofern die Schuld, wie in der Regel, in Währung oder ohne alle Angabe der Münzsorte ausgedrückt ist, zur Zeit der Schuldentstehung massgebend sein. Da aber dieser Kurs ein sehr schwankender ist, so würde der häufig zufällige Zeitpunkt der Schuldentstehung über die Grösse der Schuld entscheiden, und so eine durchaus unerwartete Verschiedenheit des Werthbetrages völlig gleichgeachteter Forderungen, damit aber eine unerträgliche Verwirrung entstehen. Hier müsste nothwendig durchgegriffen werden, indem der Kurs eines bestimmten Zeitpunktes oder etwa der mittlere Kurs eines gewissen Zeitraumes für massgebend erklärt würde; auch würde unter Umständen vorzeitige Kündigung langdauernder Schuldverhältnisse statthaft sein müssen." —

Die vorangegangene Zusammenstellung der verschiedenen Ansichten, wie es beim Uebergange von der Silberwährung zur Goldwährung in Rücksicht älterer auf Silbermünze lautender Zahlungsverbindlichkeiten zu halten sei, zeigt die ausserordentliche Schwierigkeit und Verantwortlichkeit einer solchen Entscheidung, denn es kommt hierbei der festzustellende künftige Werth für mehrere Tausende von Millionen Thaler und Gulden und das

Interesse aller Klassen der Bevölkerung in Frage. Man vergegenwärtige sich den Betrag der Staats- und Kommunal-Schulden, der Hypotheken, der Eisenbahn-Prioritäten, welche in Deutschland auf Silberwährung lauten. Andererseits wird man aber auch aus den mitgetheilten Auszügen ersehen, dass die Frage bereits eine sehr vielseitige und eingehende Prüfung gefunden hat, dass sie zur Entscheidung gehörig vorbereitet und instruirt erscheint. Es dürfte wirklich schwer fallen, hinsichtlich derselben noch neue Gesichtspunkte und Argumente beizubringen. Eine von der Regierung niedergesetzte Kommission hierzu geeigneter Persönlichkeiten wird demnach auf Grund des schon vorliegenden Materials innerhalb eines nicht sehr langen Termins in der Lage sein können, den gesetzgebenden Factoren eine möglichst sachgemässe und unpartheiische Entscheidung vorzuschlagen, wenn sie auch von vornherein darauf verzichten müsste, alle Ansichten zu combiniren und jede Härte des Ueberganges für alle einzelnen betheiligten Interessen zu vermeiden. Die Rücksicht auf die Tragweite einer solchen Entscheidung, wie sie nun ausfallen möge — auch die Ablehnung jeder gesetzlichen Bestimmung, wie Herr Dr. Grote empfiehlt, ist praktisch einer Entscheidung gleichzustellen — muss natürlich, so lange es irgend angeht, von der Aufhebung eines bestehenden soliden Silber-Münzsystems mächtig zurückhalten, und nur Umstände der gewichtigsten Art werden die Regierung und die Gesetzgebung eines solchen Landes zur Annahme der Goldwährung bewegen können. In diesem Sinne sind die hauptsächlich geltend gemachten Motive zu solchem Schritte in Deutschland im zweiten Abschnitte erörtert. Als ein besonders gewichtiges Moment deuteten wir dort schon denjenigen Umstand an, den wir, im genauen Anschluss an die oben besprochenen Verhältnisse, hier noch näher ins Auge zu fassen haben, dass nämlich bei gegenwärtiger allgemeiner Sachlage der längere Aufschub des Ueberganges zur Goldwährung gerade eine Entscheidung der bedenklichsten Art für die Gestaltung der gesammten Vermögens-Verhältnisse im Lande enthält.

In Rücksicht der Werthrelation der Edelmetalle sind drei Fälle möglich: entweder bleibt dieselbe wesentlich unverändert, oder Gold sinkt und Silber steigt, oder endlich Silber sinkt, und Gold steigt im Werthe. Es hängt dies hauptsächlich ab von dem Zusammenwirken folgender Ursachen: den Productionsverhältnissen der beiden Edelmetalle, der Münzgesetzgebung der bedeutenderen Staaten und dem Abflusse der Edelmetalle nach Ostasien. Blicken wir in die Vergangenheit zurück, so zeigt sich, wie oben schon erwähnt wurde, in den dreihundert Jahren vom Ende des funfzehnten bis zu Anfang des neunzehnten Jahrhunderts eine allmählige Veränderung der Werthrelation zu Gunsten des Goldes, nämlich von 1 zu 10.5 auf 1 zu 15.5, also eine Steigerung um nahezu 50 Procent; in der ersten Hälfte unseres Jahrhunderts tritt darauf eine verhältnissmässige Stabilität ein zwischen 1 zu 15.5 und 1 zu 15.9, dann in dem Zeitraum von 1850 bis 1866 zunächst ein rasches Steigen des Silbers um etwa 2 bis 3 Procent und später ein gewisses Beharren auf dem neu gewonnenen Stande, seit 1867 aber die Tendenz einer Rückkehr der Werthrelation auf den Stand vor 1850. Es wird noch in allgemeiner Erinnerung sein, wie unter dem Eindrucke der neuen enormen Goldgewinnung in Kalifornien und Australien die Meinung einer unaufhaltsamen progressiven Entwerthung des Goldes vorherrschte, zumal zu der ausserordentlichen Zunahme der Goldproduktion die ebenso ausserordentliche Ausdehnung des Silberabflusses nach Indien hinzutrat. Was zunächst der weiteren Werthsteigerung des

Silbers unter die Werthrelation von 1 zu etwa 15.₃₁ eine Art Damm entgegenstellte, war das Französische Münzwesen, dessen Doppelwährung von 1803 bis 1850, bei ihrer gesetzlichen Norm von 1 zu 15.₅₀ (während die thatsächliche Werthrelation im Weltverkehr beständig höher zu Gunsten des Goldes war), so gut wie keine praktische Wirkung geäussert hatte, von da an aber eine unmittelbare Verwendung der neuen enormen Goldgewinnung gestattete und zugleich entsprechende Silberquantitäten wieder in den internationalen Verkehr brachte. Die Voraussetzung lag nahe, dass, sobald dieser Damm weggefallen sei, oder mit andern Worten, sobald es in Frankreich und den übrigen Ländern mit gleichem Münzsystem kein Silbergeld mehr durch Goldmünze zu ersetzen geben werde, der Preis des Silbers ferner progressiv steigen und eben dadurch die Münzzustände der Länder mit beibehaltener alleiniger Silberwährung in grosse Verlegenheit setzen möchte. Allein das vielfach Erwartete ist nicht eingetreten, wie nachstehende Uebersicht der Londoner Silberpreise und die daraus sich ergebende Werthrelation ersehen lässt.

	Silberpreis in London	Werthrelation
	Pence pro Unze Stand.	Pfund Silber für ein Pfund Gold.
1841—1850 durchschnittlich	59⁵/₈.	15.₈₁.
1851—1855 „	61¹/₈.	15.₃₃.
1856—1860 „	61¹/₂.	15.₃₃.
1861—1865 „	61³/₁₆.	15.₄₁.
1866	61³/₁₆.	15.₄₁.
1867	60⁹/₁₆.	15.₅₇.
1868	60⁷/₁₆.	15.₆₀.

Die Abnahme der Goldproduction, die Steigerung der Silbergewinnung und die verminderte Nachfrage nach Silber zur Verschiffung nach Ostasien haben in den letzten Jahren nicht nur dem ferneren Steigen des Silberpreises vorgebeugt, sondern es sogar dahin gebracht, dass die Doppelwährung in Frankreich nun wiederum als eine Art Damm gegen Entwerthung des Silbers wirken muss, indem sie vorläufig unbeschränkte Gelegenheit giebt, für den dortigen Münzumlauf zu der gesetzlichen Werthrelation den goldenen Zwanzigfrankenstücken silberne Fünffrankenstücke zu substituiren. So lange noch in Frankreich auf diese Weise für einige Milliarden Franken Verwendung für das Silber durch Wiederverdrängung der Goldmünze sich darbietet, ist es der Natur der Sache nach nicht möglich, dass der Silberpreis dauernd und erheblich unter 60¹/₂ Pence sinkt.*)

Eben dieser Umstand, dass eine solche von Zeit zu Zeit wiederkehrende völlige Umgestaltung und hierdurch bewirkte Unsicherheit der Münzcirkulation dem allgemeinen Interesse nur nachtheilig sein kann, und das Irrationelle der Doppelwährung an sich haben seit einigen Jahren für Frankreich die Annahme der alleinigen Goldwährung auf die Tagesordnung gesetzt, und bei einigem Nachdenken muss Jeder sich sagen, dass eine solche

---

*) Ausser der gesetzlichen Werthrelation im Münzfusse ist selbstverständlich auch die Differenz der Ausmünzungskosten nicht ausser Betracht zu lassen, wenngleich dieser Umstand nur wenig einwirkt. Dieselben betragen gegenwärtig in Frankreich: per Kilogramm Münzgold (3100 Fr.) 6 Fr. 70 Cent. und per Kilogramm Münzsilber (200 Fr.) 1 Fr. 50 Cent. — Hieraus ergiebt sich als praktische Werthrelation des französischen Münzwesens (196.5 : 3093.3) 1 ; 15.58.

Maassregel von unberechenbaren Folgen für die Werthrelation der Edelmetalle im Allgemeinen, und insbesondere für das Münzwesen der bei der isolirten Silberwährung verbleibenden Länder sein muss. Allerdings vermag Niemand vorherzusagen, ob nicht auch nach Abschaffung der Doppelwährung in Frankreich, durch unvorgesehene thatsächliche Vorkommenheiten, wie z. B. neue Goldentdeckungen, Abnahme der Silberproduktion, Wiederkehr eines anhaltenden stärkern Silberabflusses nach Indien, der Silberpreis sich dauernd über 60½ d. halten wird, allein wenn man die sonstigen Verhältnisse nimmt, wie sie gegenwärtig sind, kann man sich schwerlich dem Eindruck entziehen, dass nach Einführung der alleinigen Goldwährung in Frankreich die Eventualität einer progressive Entwerthung des Silbers auf dem Weltmarkte besondere Beachtung verlangt.

Bei fast allen Erörterungen über die Erfüllung älterer dauernder Zahlungsverbindlichkeiten beim Uebergange zur Goldwährung hat bisher, gleichsam im Hintergrunde ruhend, mehr oder weniger bewusst, die Meinung einen Einfluss mit ausgeübt, dass ein ferneres Steigen des Silbers in Aussicht stehe; den nachtheiligen Folgen einer solchen Eventualität wollte man im Interesse der Schuldner thunlichst vorbeugen. Man dachte sich gewöhnlich den Fall, dass bei künftiger starker und nachhaltiger Nachfrage nach Silber zur Versendung nach Indien, nach Erschöpfung des abzugebenden Ueberflusses der französischen Münzcirkulation an grobem Silbergeld und nach Verwendung der auch in anderen, zur Goldwährung übergegangenen Staaten überflüssig gewordenen Silbervorraths, der Preis des Silbers auf 64 Pence und noch höher steigen könnte; dass z. B. durch eine gesetzlich vorzuschreibende Konvertirung zur Werthrelation von 1:15.50 der Schuldner in den Stand gesetzt werden müsse, für je 3000 ℳ oder 100 ℔ Silber in gesetzlicher Münzform, worauf seine Verbindlichkeit ursprünglich lautete, 6.45 ℔ Gold in der neuen Landesmünze zu zahlen, während er ohne solche gesetzliche Konvertirung vielleicht nur für 6.80 ℔ oder mehr Gold sich die Silbermünze hätte verschaffen können.

Das Umgekehrte tritt natürlich ein, wenn die Werthrelation dauernd und erheblich ungünstiger für das Silber wird, wenn, sagen wir, der Preis des Silbers etwa bis zu 55 Pence und vielleicht noch tiefer sinken sollte, also der Gläubiger, der früher eine Forderung auf 3000 Silber-Thaler oder 100 ℔ Silber hatte, für die er sich 6.45 ℔ oder mehr Gold oder das Aequivalent verschaffen konnte, gezwungen sein soll, künftig auch nach eingetretener gänzlicher Veränderung des Landes-Münzsystems fortwährend sich mit Ueberweisung von 3000 ℳ in älteren Silberthalern zu begnügen, obschon jetzt dieser Betrag ihm mittelbar nur die Verfügung über ausgemünzte etwa 5.83 ℔ Gold, d. h. die Summe neuer Landesmünze verschafft, die ungefähr nur 90 Procent von dem Werthe ausmacht, auf den er früher rechnen konnte. Und wer möchte irgend welche Garantie übernehmen, dass nicht der Preis des Silbers sehr beträchtlich, möglicherweise mehr als 10 Procent sinken wird, sobald in Frankreich die Doppelwährung abgeschafft wird, Deutschland zur Durchführung seines neuen Münzsystems innerhalb weniger Jahre über 400 Millionen ℳ in Silber an den Edelmetall-Markt bringt, wogegen es einen entsprechenden Betrag von Gold anzuschaffen bestrebt sein muss? Würden dann gleichzeitig wieder solche Silberquantitäten zur Versendung nach Indien verlangt, wie es in den Jahren 1857, 1859, 1863 und 1864 der Fall war, in welchen vier Jahren zusammen ein Werthbetrag von nahezu 500 Millionen ℳ an Silber aus Europa nach Ostasien verschifft ward, so wäre allerdings die Frage, wo soll das disponibel werdende Silber gleich Verwendung finden, einfach gelöst; allein dieser Abfluss kann doch auch so mässig bleiben, wie in den letzten Jahren, weil die Ausgleichung der Handelsbilanz Indiens hauptsächlich durch die steigenden Zahlungen für nach Europa zu remittirende Zinsen, Pensionen. Verwaltungskosten etc. und durch Gold aus Australien erfolgt. Und wenn durch solche thatsächliche Umstände die Tendenz eines Sinkens des Werthes von Silber hervorgerufen wird und seine Wirkung beginnt, ist dann nicht nach sonst gemachten analogen Erfahrungen zu erwarten, dass die Meinung und Spekulation diese Tendenz zunächst künstlich noch nachdrücklich befördern werden?

Vergegenwärtigt man sich eine solche Erschütterung in der bisherigen Werthrelation der Edelmetalle, so wird man trotz aller juristischen Argumente sich der Ueberzeugung nicht verschliessen können, dass weder der anempfohlene Grundsatz der. Parallel-. oder, wie wohl richtiger gesagt wird, Simultan-Währung unter Fernhaltung jeder bezüglichen Einmischung der Gesetzgebung, noch das Auskunftsmittel einer zeitweiligen Doppelwährung oder, präciser ausgedrückt, Alternativ-Währung statthaft erscheinen.

Zum Zweck der Argumentation möge der konkrete Fall vorausgesetzt werden, dass in Frankreich die Doppelwährung abgeschafft, dass in Deutschland die alleinige Goldwährung und das Frankensystem vom 1. Januar 1872 an in Kraft treten, und der Silberpreis nach Eintritt dieses Termins auf 55 Pence (1 : 17.48 Werthrelation) sinken — also das Zwanzigfrankenstück gewissermassen auf den Werth von 6 ℳ 6.8gr. bisheriger Silberwährung steigen würde. In Rücksicht der bleibenden älteren Zahlungsverbindlichkeiten würde es in solchem Falle für das praktische Interesse der Betheiligten auf dasselbe hinauskommen, ob die Gesetzgebung in jener Hinsicht gar keine Regulirung vorschreibt und also die Simultanwährung eintreten lässt, oder ob sie für jene Zahlungen die Doppelwährung nach der bisherigen durchschnittlichen Werthrelation gesetzlich gestattet, denn in dem einen wie im andern Falle wird der Schuldner natürlich nicht in Gold, sondern in älterer Silbermünze bezahlen, oder, wenn der Gläubiger, um nicht bei Wiederverwerthung des Silbergeldes noch mehr am Cours zu verlieren, Zahlung in Goldmünze vorzieht, so wird er für je 100 ℳ nicht 370 Franken erhalten, sondern sich mit etwa 333 Franken begnügen müssen. Die im Gesetze vorgesehene Normal-Reduction würde nur auf dem Papier stehen, denn natürlich wird kein Schuldner je mehr zahlen als wozu er gesetzlich verpflichtet ist, und ältere Courant-Silbermünzen möchten noch lange Zeit für solchen Zweck anzuschaffen sein. Die Gläubiger auf Grund älterer Zahlungsverbindlichkeiten würden nach der Einführung der Goldwährung durch das Sinken des Silberpreises, sowohl bei der Parallel- oder Simultan-Währung, als auch bei der Doppel- oder Alternativ-Währung stets so viel in Wirklichkeit verlieren als jenes Sinken beträgt, wobei in Betracht kommt, dass solche Entwerthung des Silbers eben durch die Münzpolitik des eigenen Landes wesentlich befördert ist.

Unter der Voraussetzung dass die Uebergangsbestimmungen eine gesetzliche Werthrelation anordnen, welche dem Golde einen wenn auch noch so wenig höhern Werth beilegt als zur Zeit im freien Verkehr besteht, würde die Vermittlung der Doppelwährung eine praktische Bedeutung nur dann erhalten, wenn durch dieselbe, was bisher noch nirgend geschehen zu sein scheint, der Gläubiger die Befugniss erhielte, zu bestimmen, ob ihm Zahlung in Gold oder in

Silber zu leisten sei, wonach er natürlich bei sinkendem Silberwerthe Goldmünze beanspruchen würde, sonst aber Silbermünze. An solche Anwendung der Doppelwährung als Uebergangsmedium zur Goldwährung wird aber schwerlich gedacht werden, und in dieser Betrachtung liegt die Verurtheilung auch der Doppelwährung in umgekehrter Richtung, denn der Staat hat das Interesse der Gläubiger ebenso zu schützen wie dasjenige der Schuldner. Oder soll z. B. dem Staate die Begünstigung der Eisenbahngesellschaften, die hohe Dividenden vertheilen, mehr am Herzen liegen, als das Interesse der Eigenthümer der Prioritäts-obligationen solcher Bahnen? soll er den Vortheil der Grundeigenthümer auf Kosten der hypothekarischen Gläubiger willkürlich befördern? — Das in Anrege gebrachte Auskunftsmittel, wonach die Staatskasse beim Uebergange die Differenz zu tragen habe, indem sie die neue Goldmünze gegen das frühere Silbergeld zum Nennwerthe umtauscht, ist nicht zutreffend und anwendbar, denn es handelt sich ja nicht nur um einmalige, sondern auch um sehr viele, noch oft wiederkehrende Zahlungen. Setzen wir z. B. den Fall, dass nach einer durchschnittlichen Berechnung der Werthrelation das Gesetz die Konvertirung des Thalers zu 3.75 Franken Gold normirt hätte, während beim Uebergang und später der effective Werth 3.70 wäre, so würde die Staatskasse allerdings dem Schuldner zu Hülfe kommen, wenn sie ihm jede eingelieferten 80 Thaler gegen 15 Zwanzig-Frankenstücke umtauscht, denn er würde dann seine Zahlung ebenso leisten können, als wenn die Goldwährung nicht eingeführt wäre: er hat durch die für den Gläubiger günstige Normirung keinen Nachtheil, weil die Staatskasse die Ausgleichung übernimmt. Allein nun kommt das Dilemma: entweder der Staat lässt die eingegangenen Silbermünzen wieder in Umlauf kommen und giebt dadurch den Schuldnern Gelegenheit, jedes Mal wenn sie Zahlungen aus älteren, auf Silbermünze lautenden Verpflichtungen zu leisten haben, Silberthaler anzuschaffen und diese bei der Staatskasse wieder umzuwechseln, wodurch letzterer regelmässige enorme Verluste erwachsen würden, die bald unerträglich werden müssten; — oder aber die Silbermünzen verschwinden allmählig bis auf den nothwendigen Bedarf zur Scheidemünze, so dass die Schuldner später faktisch ausser Stande sind, Silbermünze zur Umwechslung anzuschaffen und die Staatskasse also dadurch nicht weiter behelligt wird; alsdann muss der Schuldner, obschon der Werth des Silbers effectiv niedriger ist, den Gläubiger doch in Goldmünze nach der vorgeschriebenen Konvertirungsnorm befriedigen, und die einmalige Umwechselung bei der Staatskasse ist für ihn von verhältnissmässig sehr geringem Nutzen gewesen.

Eine unbefangene Erwägung der eben angedeuteten Umstände wird die Ueberzeugung begründen, dass die zeitweilige Zulassung der Doppelwährung für den Uebergang von der alleinigen Silberwährung zur alleinigen Goldwährung, obschon selbst auf der internationalen Münzkonferenz empfohlen oder gar als unvermeidlich hingestellt, eine befriedigende Regelung der fortbestehenden älteren Zahlungsvorbindlichkeiten keineswegs erleichtert, sondern die Schwierigkeiten nur vermehren und verlängern würde. Denn je nach dem die Norm für solche Doppelwährung bestimmt wird, ist die Maassregel entweder unwirksam oder eine sichere Benachtheilung aller betreffenden Gläubiger. Wird hingegen für den Uebergang nach möglichst umsichtiger Prüfung eine feste Konvertirungsnorm angeordnet, bindend sowohl für Schuldner, wie für den Gläubiger, so mag vielleicht für den Einen die Wahrscheinlichkeit des künftigen Vortheils grösser sein als für den Andern, allein für jeden von ihnen ist doch die Möglichkeit desselben gegeben, weil die künftige Gestaltung der Werthrelation von so manchen unberechenbaren Ereignissen abhängt und in dieser Hinsicht schon öfterer die vorherrschenden Erwartungen sehr getäuscht worden sind; und in so weit giebt das Gesetz gewissermassen beiden Theilen eine Chance des Gewinns, nicht dem Einen Theile allein, wie dies die auch nur vorübergehende Zulassung der Doppelwährung thun würde. — Bei der Empfehlung der s. g. Doppelwährung zur Vermittlung des Uebergangs, scheint indess unter dieser Bezeichnung meistens an ein wesentlich verschiedenes praktisches Verhältniss gedacht zu sein, was äusserlich dem Zustande unter einer gesetzlichen Doppelwährung (Alternativwährung) ähnlich ist, aber im Grunde mit derselben nichts zu schaffen hat, und das überdiess gar keiner Empfehlung bedarf, weil es sich ohnehin nach der Natur der Sache von selbst Bahn brechen muss. Es ist eine reine Unmöglichkeit, dass eine so durchgreifende Neuerung, wie sie die Herstellung eines einheitlichen, decimalen, auf alleiniger Goldwährung begründeten deutschen Münzwesens sein würde, anders als allmählig sich thatsächlich vollziehen kann, wenn auch die neuen Münzgesetze einen bestimmten Tag für den Uebergang vorschreiben, und vorschreiben müssen. Diese Bestimmung hat die wichtige rechtliche Bedeutung, dass von dem Tage an das cirkulirende bisherige Silber-Courantgeld solchen Charakter verliert und seinem Wesen nach Scheidemünze wird, d. h. eine bestimmte Quote einer Goldmünze darstellt; aber die thatsächliche Cirkulation der bisherigen Münzen wird einstweilen noch vorherrschend bleiben und nur nach und nach sich abmindern, ebenso wie die grosse Masse der Bevölkerung sich nur allmählich an die neuen Rechnungsweisen gewöhnen wird Unausbleiblich werden im täglichen Verkehr längere Zeit hindurch sich mancherlei Unbequemlichkeiten und selbst Unzuträglichkeiten an die Münzreform knüpfen; allein man darf auch die Schwierigkeiten nicht überschätzen, und gewähren die Vorgänge der analogen durchgreifenden Münzreformen in der Schweiz für Deutschland nicht geringe Beruhigung. Man wird natürlich abseiten des Staates alles aufzubieten haben, um so bald als irgend thunlich die umlaufenden älteren Münzen einzuziehen, unter Beihülfe der Einrichtung von fundirten Münzscheinen, als temporäres legales Zahlmittel, so lange noch nicht ausreichende Summen in neuer Münze ausgegeben sind (wie bekanntlich in 1850 und den folgenden Jahren in den Niederlanden geschehen) und ferner jede mögliche Erleichterung der Geldrechnung nach dem neuen System gewähren, andererseits jedoch ebenso sich davor zu hüten haben, dem stillen, aber unaufhaltsamen Wirken der Praxis vorgreifen zu wollen. Zur Verdeutlichung nehmen wir wieder die beispielsweise Hypothese der Einführung der alleinigen Goldwährung unter der Form des Frankensystems (wenn auch unter den Namen Mark, Schilling und Pfennig, statt Frank, Decime und Centime) mit der festen Convertirungsnorm des Thalers und respective des Groschens bisheriger Silberwährung zu 3 Mark 7 Schillinge, resp. 1 Schilling 2½ Pfennige oder 12½ Pfennige neuer Goldwährung, und mit dem Termine des 1. Januar 1872, von wo an auch die neuen Maasse in Anwendung kommen sollen. Ungeachtet der Münzverordnungen wird die grosse Masse der Bevölkerung auch nach dem Termine des Uebergangs im täglichen kleinen Verkehr einstweilen fortfahren, hier nach Thalern und Groschen, dort nach Gulden und Kreuzern zu rechnen und in den noch reichlich vorhandenen gewohnten Münzsorten zu zahlen, ohne eine Ahnung, dass alle diese Zahlungen bereits in Goldwährung geschehen. Dies wird in der Regel erst denen zum Bewusstsein kommen, welche grössere Zahlungen auf einmal zu leisten haben, indem die Verordnung vorschreiben würde, dass über gewisse Beträge hinaus (die stufenweise herabzusetzen wären) die Zahlung in Goldmünzen oder einstweilen auch in Münzscheinen verlangt werden könnte. Indem die Tarife der Eisenbahnen, Postanstalten, der Zölle und Abgaben, alle Zahlungen der Staatskasse und öffentlicher Institute etc. nach dem neuen Münzsystem eingerichtet werden, wird die Bevölkerung sich allmählig mit demselben vertraut machen und ohne sonstige äussere Nöthigung mehr und mehr die bisherige Rechnung aufgeben, auch die bisherigen Münzen, so lange sie nicht durch neue Gold- und beziehentlich neue Scheidemünze ersetzt ist, nach dem neuen System zu wardiren wissen. Und in dieser Hinsicht, meinen wir, wird es keinen sehr wesentlichen Unterschied machen, ob das neue Münzsystem Goldgulden (= 2½ Goldfranken) à 100 Kreuzer oder Marken, Schillinge und Pfennige (= Franken à 100 Centimes) als Rechnungseinheiten einführen würde; die Hauptsache ist in beiden Fällen, dass man die Gewöhnung an das neue Münzsystem für den täglichen kleinen Verkehr ruhig der Praxis wird überlassen können. Wie leicht hat sich nicht in den österreichischen Staaten im Jahre 1857 die Gewöhnung an die neue Guldentheilung vollzogen! Das zeitweilige, thatsächliche Nebeneinanderbestehen der alten und der neuen Münzrechnungen, der älteren und der neueren Münzsorten ist aber, wie gesagt, jedenfalls ganz und gar etwas Anderes als eine Doppelwährung, welche als Uebergangsmassregel ebenso entschieden zurückzuweisen, als die ruhige Gestattung einer unbehinderten Praxis für die Einbürgerung des neuen zweckmässigeren Systems zu empfehlen ist. Die Praxis wird sich schon von selbst zu helfen wissen, sobald nur eine feste Konvertirungsnorm aufgestellt ist, in allen öffentlichen Rechnungsverhältnissen das neue System zur Geltung gebracht wird und die Substituirung der neuen Münzen an Stelle der älteren in thunlichst umfassender und rascher Weise geschieht. —

Die in der ersten Preisschrift vertretene Ansicht, dass beim Uebergange zur Goldwährung in Rücksicht der Konvertirung älterer, auf Silberwährung lautender Verbindlichkeiten jede gesetzlich vorgeschriebene Werthrelation eine „völlig entbehrliche und zugleich rechtswidrige" und „in die Privatrechte und in das Eigenthum tief eingreifende" Maassregel sein würde, kann aber gerade durch die Anwendung der bekannten Institutions-Satzung: „*Tollitur omnis obligatio solutione ejus quod debetur, vel si quis, consentiente creditore, aliud pro alio solverit*" welche, als allein maassgebend und ausreichend, zu ihrer Rechtfertigung vorgeführt wird, bekämpft werden, wie dies Herr Prince Smith in seinem Aufsatze „Währung und Münze" (Hirth's Annalen II, S. 144ff) schon treffend angedeutet hat. Es kommt nur darauf an, wie man den Begriff „Geld" versteht, und hierüber werden Juristen, Volkswirthe und Philologen noch viel und lange sich streiten. Wir betrachten die Frage vom unmittelbaren praktischen Standpunkte aus und an der Hand eines konkreten Beispiels. Die Eisenbahn-Gesellschaften in Norddeutschland haben seitens der Gläubiger unkündbare Prioritäts-Anleihen zum Belaufe von mehreren hundert Millionen Thalern aufgenommen und dagegen Obligationen ausgestellt, worin sie Verzinsung und Amortisation in Thalern des 30-Thalerfusses versprechen. Die Gesellschaften haben jene Summen erhalten in Thalern, die nach dem erwähnten Münzfuss ausgeprägt waren, also ursprünglich in jeder Million

Thaler 33,333⅓ Pfund fein Silber enthielten, zugleich aber noch die besondere Eigenschaft hatten, dass diese Münzsorte, unter Ausschliessung der Goldwährung, das gesetzliche Zahlungsmittel des Landes darstellte. Müssen die Gläubiger es sich gefallen lassen, dass nach Einführung der alleinigen Goldwährung für alle späteren Zahlungen, ihnen Zinsen und Kapital-Rückzahlung jener Anleihen noch fortdauernd in Silber-Thalern nach dem Nominalwerthe gegeben werden, die zwar nach dem gleichen Münzfusse wie früher ausgeprägt sind, aber den Charakter einer alleinigen Landes-Courantmünze und damit eine wesentliche Garantie ihres Werthes verloren haben, so erhalten sie nicht dasselbe zurück, was sie gegeben haben und was ihnen versprochen ist, sie erhalten nur in der äusseren Form das Nämliche, in Wirklichkeit aber *aliud pro alio*, ohne dass sie consentirt haben; sie erhalten nämlich, statt „Geld", Waare, die nicht denselben Werth hat wie das ihnen versprochene „Geld". Bleiben wir bei dem gewählten Beispiel, dass der Silberpreis auf 55 Pence sinkt, so werden die Gläubiger für jede Million Thaler mit Zahlung von 3⅓ Mill. Franken in Goldmünze abgefunden werden (denn diese werden sie immer noch lieber nehmen als 1 Million demonetisirte Silberthaler, bei deren Umwechselung sie noch extra Courtage zu zahlen haben), während sie Anspruch haben auf ein wirkliches Aequivalent in Goldmünze, nach dem Verhältniss des Gold- und Silberwerthes als das Geld von ihnen dargeliehen wurde, oder doch die alleinige Silberwährung noch Geltung hatte. Wenn der natürliche Verlauf der Dinge für Silber ein Sinken und für Gold ein Steigen des Werths herbeiführt, kann sich Niemand beklagen, welcher darunter leidet, und vorsorgliche Maassregeln der Gesetzgebung könnte nur aus Billigkeits- und Zweckmässigkeits-Rücksichten erfolgen. Sobald aber die Gesetzgebung eines Landes selbst durch Veränderung der Währung wesentlich dahin wirkt, den Werth der bisherigen Landes-Courantmünze zu verringern, wodurch selbstverständlich der Werth der angenommenen neuen Währung in entsprechendem Verhältniss gesteigert wird, so würde die Staatsgewalt offenbar „in die Privatrechte und das Eigenthum tief eingreifen," wofern sie nicht gleichzeitig mit der Anordnung des Uebergangs zur Goldwährung eine Regelung zum Schutze der Gläubiger träfe, damit diese nicht gezwungen werden, in den betreffenden Fällen, wo das Verhältniss nicht vor dem Eintritt des Uebergangs von ihnen gelöst oder novirt werden kann, wider Willen Zahlungen anzunehmen, welche durch Mitwirkung des Staats an ihrem realen Werth eingebüsst haben. Das Beste und Einfachste ist ohne Zweifel, dass man vor Allem die Konvertirung der Zahlungsverbindlichkeiten aus der bisherigen in die neue Währung der Privatvereinbarung überlässt, und bleibt dieser Weg natürlich immer zulässig, die Gesetzgebung möge das Eine oder das Andere bestimmen oder sich auch ganz passiv verhalten; es handelt sich ja immer nur von denjenigen Fällen, wo die Parteien sich gütlich nicht verständigen wollen oder können. Und wenn auch vom juristischen Standpunkte aus mit den scharfsinnigsten Argumenten die Nicht-Einmischung der Gesetzgebung in die Regulirung der zur Zeit des Uebergangs bestehenden Zahlungsverbindlichkeiten verfochten wird, so werden doch die eben angedeuteten Rücksichten der Billigkeit und der Praxis zu einleuchtend und zu gewichtig sein, um, gegenüber der Eventualität einer beträchtlichen Entwerthung des Silbers, das Interesse der Gläubiger preiszugeben. Allein die Sache liegt keineswegs so, dass alle Juristen, welche sich mit der Frage näher beschäftigt haben, jener Ansicht huldigten. Wir haben vielmehr schon gesehen, dass die Professoren Hartmann in Basel und Goldschmidt in Heidelberg, welche den rechtlichen Begriff des Geldes etc. letzthin erörtert haben, sich in wesentlicher Uebereinstimmung dahin aussprechen: „Wenn zu einem andern Metall als Grundlage der Währung übergegangen wird, — bleibt nichts übrig, als auf Grund des Kurses unmittelbar vor der Zeit des Ueberganges den Werth allgemein zu fixiren;" und „Bei Annahme der Goldwährung an Stelle der Silberwährung — — müsste nothwendig durchgegriffen werden, indem der Kurs eines bestimmten Zeitpunkts oder etwa der mittlere Kurs eines gewissen Zeitraums für massgebend erklärt würde." —

Wir haben geglaubt, die Rechtsfrage hinsichtlich der bestehenden Zahlungsverbindlichkeiten beim Uebergange zur Goldwährung umständlicher berühren zu müssen, weil dies zur Beurtheilung der Frage der Opportunität einer Entscheidung über die Münzreform, wozu wir uns jetzt wenden, von besonderer Wichtigkeit erscheint. Manche könnten die Entscheidung über die ganze Münzfrage ins Ungewisse verschieben wollen, wenn sie darin die Gefahr einer desto stärkeren Entwerthung aller auf Silbermünze lautender, seitens des Gläubigers gar nicht, oder doch nicht sofort kündbarer Zahlungen erblicken, ohne die Zulässigkeit einer gesetzlichen Abhülfe gegen diese Gefahr anzuerkennen. Andererseits muss der Wunsch nach möglichst baldiger Herbeiführung der Münzreform wesentlich allgemeiner und dringlicher werden, wenn sich zeigt, dass hierdurch zugleich die Erledigung der Rechtsfrage leichter wird, als beim längeren passiven Warten, und dass überdies die Gefahr einer Entwerthung des Silbers, und dadurch aller auf Silbervaluta lautender Forderungen, durch solches Warten für Deutschland doch nicht würde abgewendet werden.

Ist der jetzige Zeitpunkt an sich geeignet und fordern die hauptsächlich in Betracht zu ziehenden sonstigen Verhältnisse dazu auf, eine durchgreifende einheitliche Münzreform auf Grundlage der Goldwährung in Deutschland baldigst vorzunehmen?

Die Antwort kann nur bejahend ausfallen, wenn andern die vorangegangenen Erörterungen nicht gänzlich fruchtlos geblieben sind. Wir haben nachgewiesen, wie verschiedenartig und bunt die Münzzustände in Deutschland sind, wie zu einer Zeit, wo eine universelle Münzeinigung, die Rechnungseinheit für sämmtliche grosse handeltreibende Nationen eifrigst erstrebt wird, im lieben Deutschen Vaterlande noch sieben unter sich abweichende Münzsysteme ohne Decimalrechnung neben einander in Anwendung sind, wie seit 1861 das Bedürfniss nach Münzeinheit in Deutschland sich immer allgemeiner und angelegentlicher kundgegeben hat, wie arg die praktischen Unzuträglichkeiten der bestehenden Münzcirkulation, namentlich in Süddeutschland, sind, wie abnorm es erscheint, dass die wichtigsten Seehandelsplätze Deutschlands beide ihre Separatvaluta haben, wie die Ueberzeugung von der Nothwendigkeit eines Ueberganges zur Goldwährung sich unaufhaltsam verbreitet und befestigt hat. Es ist erinnert worden an den Beschluss des Deutschen Reichstags bei Gelegenheit der Annahme der metrischen Maass- und Gewichtsordnung, welcher das Bundes-Präsidium auffordert zur baldthunlichsten Herbeiführung eines einheitlichen decimalen Münzsystems mit besonderer Berücksichtigung internationaler Münzeinigung. Sodann ist noch auf das wichtige specielle Moment aufmerksam gemacht, dass Frankreich im Begriffe stehe, seine

Doppelwährung aufzugeben, welche einstweilen, nachdem der Silberabfluss nach Ostasien seine frühere Bedeutung verloren zu haben scheint, hauptsächlich eine grössere Nachfrage nach Silber bewirkt, sobald die Werthrelation zu Gunsten des Goldes 1: 15.ss (oder doch 15.ss) überschreitet, und wie von manchen Seiten eine nach Wegfall jenes bisherigen Dammes der Doppelwährung zu erwartende progressive Entwerthung des Silbers zuversichtlich prophezeiet wird, während dagegen die früher vielfach geäusserte Besorgniss einer Entwerthung des Goldes völlig geschwunden ist. — Wäre es möglich, den Uebergang zur Goldwährung noch während der Herrschaft der Doppelwährung in Frankreich, Belgien, der Schweiz und Italien zu bewerkstelligen, so würden hierdurch die Schwierigkeiten der Reform ganz bedeutend gemindert, indem dann einem plötzlichen starken Sinken des Silberwerthes vorgebeugt wäre und das für die Ausführung des neuen Münzsystems erforderliche Gold sich im Austausch gegen das für den Münzumlauf überflüssig werdende Silber leichter herbeischaffen liesse. Die Opportunität einer möglichst baldigen praktischen Entscheidung über die deutsche Münzfrage leuchtet am besten ein, wenn man sich die grösseren Schwierigkeiten zu vergegenwärtigen sucht, welche einem weit hinausgeschobenen Uebergange zur Goldwährung begegnen und dann zu spät das lebhafteste Bedauern der unnöthigen Verzögerung erwecken dürften. Man denke sich, dass nach der Schliessung der Pariser Münze gegen fernere unbeschränkte Ausmünzung von silbernen Fünffrankenstücken, der Silberpreis eine merklich sinkende Tendenz erhält, dass später die Vereinigten Staaten, Italien, Oesterreich und Russland zur Wiederherstellung der Baarzahlungen sich entschliessen und zu diesem Zwecke erheblich stärkere Nachfrage nach Gold entsteht als gegenwärtig der Fall ist. Muss dann nicht die Gefahr beträchtlich steigen, dass die endlich unvermeidlich werdende Beseitigung der Silberwährung in einem grossen Lande wie Deutschland, wodurch über 400 Millionen ℳ Silber zur Verwendung als Waare kommen sollen, viel schwieriger durchzuführen sein und namentlich auch hinsichtlich der rechtlichen Regulirung der bestehenden, auf Silber lautenden Zahlungsverbindlichkeiten ungleich weitläufiger und bedenklicher werden wird, als gegenwärtig? Selbst wenn man voraussetzen zu müssen glaubt, dass sobald Deutschland mit der Anbahnung seiner Münzreform Ernst macht, Frankreich hierin das dringendste Motiv zur schleunigen Abschaffung der Doppelwährung erblicken würde, mit der es sonst vielleicht noch mehre Jahre gute Weile gehabt hätte, so erscheint es doch immer noch für Deutschland richtiger, mit der Münzreform baldigst vorzugehen, denn je weiter sich diese Maassregel von dem Zeitpunkte der Annahme der alleinigen Goldwährung in Frankreich entfernen würde, um so schwieriger und verlustbringender muss die Verwerthung des überflüssig werdenden Silbermünzvorraths werden. Angenommen, dass nach sorgsamer Erwägung denjenigen Recht gegeben würde, welche meinen, dass man den Zeitpunkt des Uebergangs zur Goldwährung nicht lange im voraus feststellen, sondern darin nach den Umständen verfahren müsse, indem doch leicht Jahre wiederkehren könnten, in denen nach Indien und China mit Vortheil bedeutende Silberremessen zu machen sind, und dass man solche Periode für jenen Uebergang abpassen möge. — selbst im Hinblick auf diesen Fall müssen wir die baldigste Erledigung der Münzfrage in Deutschland für opportun halten. Es liesse sich nämlich damit die Bestimmung verbinden, dass, nachdem alles Uebrige im Vertrage und in den neuen Münzgesetzen angeordnet wäre, dem Bundesrath des Norddeutschen

Bundes und den Süddeutschen Regierungen überlassen bliebe, den Zeitpunkt des Inkrafttretens der neuen Münzverhältnisse nach ihrem gemeinschaftlichen Ermessen auch schon früher als an dem dafür angesetzten spätesten Termin anzuordnen, falls die Lage des Edelmetallmarktes und die sonstige Sachlage hierzu besonders günstig erscheinen sollten. Bei solchem Vorbehalt im Vertrage könnte vielleicht ein günstiger Augenblick zum Uebergange benutzt werden, wenn man glaubt, hierauf besonderen Werth legen zu müssen; nicht aber, sobald dann erst die Münzreform berathen und ein Vertrag darüber abgeschlossen werden soll. Ehe solcher Vertrag zu Stande gekommen, möchte der günstige Augenblick schon längst wieder verschwunden sein und nicht wiederkehren!

Eine andere Rücksicht, welche für die Opportunität einer möglichst raschen Erledigung der deutschen Münzreform noch anzuführen wäre, obschon sie nicht von so entscheidender Bedeutung als andere schon geltend gemachte Gründe erscheint, liegt in der am 1. Januar 1872 bevorstehenden Einführung des neuen Maass- und Gewichtssystems. Diese in so viele, grosse wie kleine, wirthschaftliche Verhältnisse tief eingreifende Neuerung wird für die grosse Masse der Bevölkerung zuerst mancherlei Weitläufigkeit und Schwierigkeit mit sich führen; sie wird vielerwärts sich nur allmählig einbürgern und für längere Zeit vielfach den täglichen Gebrauch von Reductionstabellen unentbehrlich machen. Muss es nun nicht, wenn nur irgend möglich, vermieden werden, innerhalb weniger Jahre der Bevölkerung zwei Mal die lästige Procedur zahlloser Umrechnungen und die auf einander folgende Substituirung verschiedener Reductionstabellen zuzumuthen, einmal, wegen des neuen Maass- und Gewichtssystems, und später wieder, wegen des neuen decimalen Goldmünzsystems? Wird jetzt von den Deutschen Regierungen energisch Hand ans Werk der Münzreform gelegt, damit auch diese schon vom 1. Januar 1872 an in Kraft treten könnte, so würde eine zweimalige Uebergangsperiode und Umrechnung vermieden. Welche unbeschreibliche Vermehrung von Umständlichkeiten und Mühe muss es z. B. verursachen, wenn nach Einführung des neuen Maasssystems angefangen wird, in den Hypothekenregistern und ähnlichen Dokumenten die Flächen in den neuen Maassen, die Werthe aber noch in bisherigem Geld einzutragen, um dann nach einigen Jahren die Reduction des Geldes nach dem neuen Münzsystem nachträglich notiren zu lassen! —

Ein Bedenken gegen die Opportunität der Münzreform giebt es jedoch, über welches nicht so leicht und zuversichtlich hinwegzukommen sein möchte als über alle sonstigen Einwendungen, nämlich die unabweisliche Rücksichtsnahme auf die seit 1865 thätig gewesenen und noch fortdauernden Bestrebungen für Herbeiführung eines universellen Münzsystems. Wir haben im vorigen Abschnitte gesehen, dass die Erwartungen, mit denen die Bevollmächtigten der zwanzig Staaten, welche auf der internationalen Münzkonferenz im Juni und Juli 1867 in Paris vertreten waren, aus einander gingen, sich nicht bewährt haben, dass es gerade die beiden grössten Handelsstaaten der Welt sind, Grossbritannien und die Vereinigten Staaten, welche bei aller Anerkennung der hohen Bedeutung einer umfassenden internationalen Münzeinigung doch sich nicht entschliessen zu können scheinen, für ihr Münzwesen die von der Pariser Münzkonferenz von 1867 empfohlenen Grundsätze anzunehmen, sondern die Feststellung einer neuen Basis noch als offene Frage betrachten. Es ist erwähnt, wie die von der Britischen Regierung zur Prüfung der Münzfrage eingesetzte Kommission ihren gewichtigen Bericht mit dem Wunsche geschlossen hat, man möge, nachdem inzwischen der Gegenstand allseitig und in aller Ruhe gründlich geprüft worden, nunmehr eine neue internationale Münzkonferenz wieder zusammentreten lassen, um jetzt nach besserer Vorbereitung die Ausführbarkeit und Modalität eines universellen Münzsystems in Berathung zu nehmen und einen neuen Versuch zu machen, hierüber zu einer möglichst allgemeinen Verständigung zu gelangen. Würden auch nur England und Nordamerika ein gemeinsames Münz- und Rechnungssystem annehmen, so sei es für Deutschland viel rathsamer, dieser für den Weltverkehr ungleich wichtigeren Vereinigung sich anzuschliessen, als dem französischen System, trotz der Ausdehnung, die dieses bereits in Europa gefunden habe. Jetzt eine für eine lange Zukunft abschliessende Entscheidung in der Münzfrage zu treffen, nachdem man so lange damit gewartet, sei ungerechtfertigt, und möge man nun noch einstweilen bei den bisherigen Zuständen ausharren, bis die künftige definitive Stellung Englands und Nordamerikas zur internationalen Münzeinigung klar vorliege, oder aber entschieden sei, dass in diesen Ländern bis auf Weiteres an keine durchgreifende Aenderung ihres Münzwesens zu denken sei.

Unsere gleich folgenden Vorschläge über die von den Deutschen Regierungen zunächst vorzunehmenden Schritte werden darthun, dass wir das Gewicht dieses Einwandes gegen eine sofortige rasche Entscheidung zu würdigen wissen, und dass dies Moment vor Allem für die zu empfehlende Art des Vorgehens maassgebend erscheint; — nur darf demselben auch nicht mit resignirender Passivität unbedingt und zu weit Rechnung getragen werden. Deutschland ist eben in anderer Lage mit seinen Münzzuständen wie die übrigen grossen Handelsstaaten — denn ihm fehlt im grössten Maasse sogar noch die nationale Münzeinigung, es entbehrt der Decimaltheilung in seinem Münz- und Rechnungswesen und haftet an der isolirten reinen Silberwährung — es kann deshalb das Abwarten auf's Ungewisse nicht so gut vertragen wie andere Länder.

Dies führt uns denn nun gerades Wegs zu der Schlussbetrachtung unserer Denkschrift: welche praktischen Schritte sind den Deutschen Regierungen zunächst zu empfehlen, um in Deutschland Münzeinheit auf Grund der Goldwährung herbeizuführen?

Wie ausserordentlich schwierig auch gewisse Punkte zu erledigen sein werden, wegen der entgegengesetzten principiellen Auffassungen und wegen ihrer ungemeinen praktischen Tragweite, ebenso einfach und zweifellos scheint uns der einzuschlagende anfängliche Weg zu sein, um nur überhaupt die einheitliche Münzreform in Deutschland endlich wirklich anzufassen.

Ein Uebergang zur Goldwährung ist, wie oben nachgewiesen worden, in Deutschland bis Ende 1878 nur möglich, wenn der Norddeutsche Bund und die Süddeutschen Staaten hierüber sich vertragsmässig verständigen. Die Preussischen Bevollmächtigten haben auf der internationalen Münzkonferenz ganz korrekt erklärt, die Preussische Regierung werde die angeregten Münzfragen mit ihren Norddeutschen Verbündeten und ausserdem mit den Süddeutschen Regierungen, mit denen sie durch einen Münzvertrag verbunden sei, in gemeinsame Berathung nehmen.

Der Handelstag hat daher in seiner Resolution vom 21. Oktober v. J. gewiss das Richtige getroffen, wenn er darin, nach vorausgegangener Erklärung des Bedürfnisses Deutscher

Münzeinheit mit Decimalrechnung auf Grundlage alleiniger Goldwährung, schliesslich den Wunsch äussert: es möchten das Präsidium des Norddeutschen Bundes und die Regierungen von Bayern, Württemberg, Baden und Hessen ohne Verzug die geeigneten Vorbereitungen treffen, dass eine gleichmässige Münzordnung (vertragsmässig) festgestellt und baldigst dem Norddeutschen Reichstage, beziehungsweise den Landesvertretungen in den Süddeutschen Staaten zur verfassungsmässigen Mitgenehmigung vorgelegt werde, damit, wenn irgend thunlich, die Münzreform spätestens am 1. Januar 1872 in Kraft trete, gleichzeitig mit der neuen Maass- und Gewichtordnung. Auch die Vorstellung an die Hohen Regierungen, zu deren Erläuterung und Motivirung die gegenwärtige Denkschrift bestimmt ist, muss nothwendig auf den nämlichen Antrag hinauskommen. Ist auf diese Weise nur erst der Anfang gemacht, so wird das Uebrige sich schon daran reihen und Deutschland, wie es mit Beginn des Jahres 1872 ein einheitliches, streng decimales Maass- und Gewichtsystem erhalten wird, so auch zu der gleich wünschenswerthen zeitgemässen Münzreform gelangen.

Die zusammentretende Deutsche Münzkonferenz, bestehend aus Kommissaren des Präsidiums des Norddeutschen Bundes, worunter ausser Preussen und Sachsen wol jedenfalls auch diejenigen Norddeutschen Staaten, welche jetzt noch besondere Münzsysteme haben, Mecklenburg, Hamburg und Bremen, mit vertreten sein sollten, und Kommissaren der Bayerischen, der Württembergischen, der Badischen und der Hessischen Regierung, sollte nach unserer Ansicht zunächst nur eine vorbereitende Aufgabe zu erfüllen haben, nämlich an die Regierungen einen Bericht zu erstatten über die Vorfrage: welche Stellung hat Deutschland bei seiner beabsichtigten durchgreifenden Münzreform gegenüber der erstrebten internationalen Münzeinigung und den für diesen Zweck bisher stattgehabten Verhandlungen einzunehmen? Es wäre dieser Kommission, ohne sie damit von anderen ihr etwa ganz nothwendig erscheinenden Erörterungen über die Vorfrage und über die Einleitung fernerer definitiver Unterhandlungen geradezu ausschliessen zu wollen, eine thunlichst zu beschleunigende bestimmte Beantwortung der Alternativ-Frage aufzutragen:

Erscheint es mit Rücksicht auf die Verhandlungen und Ergebnisse der internationalen Münzkonferenz zu Paris im Jahre 1867 und der seitdem in verschiedenen dabei betheiligt gewesenen Staaten stattgehabten weiteren Erörterungen einer allgemeinen Münzeinigung sowie unter den gegebenen Verhältnissen des deutschen Münzwesens rathsam, bevor die Deutschen Regierungen die Herbeiführung einer einheitlichen, durchgreifenden Münzreform in die Hand nehmen, den nochmaligen Zusammentritt einer internationalen Münzkonferenz anzuregen und deren etwaiges Ergebniss wegen einer universellen Münz- und Rechnungs-Einigung abzuwarten, insbesondere die dabei etwa vorkommenden positiven Entschlüsse oder auch Ablehnungen der Regierungen von Grossbritannien und den Vereinigten Staaten zu constatiren? — oder aber empfielt es sich mehr, von einer neuen internationalen Münzkonferenz gänzlich abzusehen, die von der Münzkonferenz des Jahres 1867 genehmigten allgemeinen Grundsätze, was die Beziehung zu einem künftigen universellen Münzwesen betrifft, als Richtschnur anzunehmen und darauf hin, ohne weiteres Abwarten, mit der Münzreform vorzugehen?

Mit einer motivirten Beantwortung dieser Frage, welche binnen einer mässigen

Frist zu erwarten sein würde, wäre die Aufgabe dieser vorläufigen Kommission als erledigt zu betrachten, und hätten die Deutschen Regierungen auf Grund dieser Vorlage dann baldigst einen Entschluss über die Vorfrage zu fassen.

Würde die Kommission den an erster Stelle angegebenen Weg, den vorgängigen Wiederzusammentritt einer internationalen Münzkonferenz, anrathen und die Regierungen diesem Vorschlage zustimmen, so dürfte die Ausführung desselben in der Weise angezeigt sein, dass die Französische Regierung von den Deutschen Regierungen, unter Mittheilung ihres festen Entschlusses in nächster Zeit jedenfalls zu einer Münzreform schreiten zu wollen, ersucht würde, die verschiedenen Regierungen zur Beschickung einer baldigst abzuhaltenden neuen Münzkonferenz in Paris einzuladen. Man könnte allerdings selbstständig die Berufung einer solchen internationalen Konferenz nach Berlin vornehmen, allein es möchte angemessener sein, der Französischen Regierung die Sache zu überlassen, da dieselbe das erste Mal mit so lebhaftem Interesse den Zusammentritt und die Berathungen der Konferenz begleitet hat und Frankreich bekanntlich eine besondere Ehre darin setzt, in solchen Dingen an der Spitze zu stehen.

Lautet das Gutachten der Kommission aber dahin, dass ihrer Ansicht nach von der eventuellen Einberufung einer zweiten internationalen Münzkonferenz ein anderes und besseres Ergebniss als die bereits auf der ersten Konferenz gewonnenen bekannten Resultate schwerlich zu erwarten sei und dass jedenfalls nur ein längerer unnöthiger Aufschub der nationalen Münzreform dadurch entstehe, so würden die deutschen Regierungen sofort zu definitiven Verhandlungen über einen neuen deutschen Münzvertrag, der an die Stelle des Wiener Münzvertrags vom 24. Januar 1857 zu treten hätte, schreiten können, und zu diesem Behufe die früheren oder andere Bevollmächtigten mit dem Abschluss eines solchen Vertrages beauftragen. Man wird vermuthlich, ehe es so weit kommt, die Meinung äussern hören, dass vor Eröffnung solcher Verhandlungen erst eine umfassende deutsche Münz-Enquête abgehalten werden möge, etwa nach Art der englischen und französischen Vorgänge in dieser Hinsicht. Dies muss aber bei unbefangener Erwägung nicht nur als überflüssig, sondern selbst als störend und mit einem bedenklichen Aufschube der Münzreform verbunden erachtet werden. Ein Blick auf den unserer Denkschrift beigefügten Literatur-Nachweis zeigt, wie viel schätzbares Material zur gründlichsten und allseitigen Prüfung der bei der deutschen Münzreform in Betracht zu ziehenden Verhältnisse und Gesichtspunkte, welche grosse Zahl von Entwürfen zu neuen Münzsystemen bereits vorliegt; auch wie die Verhandlungen des deutschen Handelstages und die Veröffentlichungen seines bleibenden Ausschusses sowie der einzelnen Handelskammern ersetzen zum grossen Theil solche Enquête. Was sonst eine solche Enquête beizubringen hätte, wird sich meistens in der technischen Sachkunde und den Erfahrungen der Kommissions-Mitglieder schon vorfinden, und wo dennoch eine weitere Auskunftsertheilung für bestimmte Fragen erwünscht sein sollte, dürfte es der Kommission nicht schwer fallen, namentlich in Berlin oder Frankfurt, sich von geeigneten Persönlichkeiten solche Auskunft jederzeit zu verschaffen. Wenn aber auch eine vorgängige umständliche Enquête nicht anzurathen scheint, so könnte andererseits doch in Erwägung kommen, ob es nicht zweckmässig sein würde, Berichte über die stattfindenden Berathungen der Kommission, so weit sie die allgemeinen Seiten der Frage berühren, fortlaufend zu veröffentlichen, um dadurch der Presse und Allen, die an der Sache besonderes Interesse nehmen, Gelegenheit zu geben, noch vor dem Abschluss des neuen Vertrages ihre Wünsche und Erinnerungen vorzubringen. Welche Nachtheile oder wirkliche Erschwerungen daraus für die Sache selbst erwachsen sollten, ist nicht zu ersehen. Werden, wie es in der Mehrzahl der Fälle geschehen dürfte, gegen die von der Kommission oder der Mehrheit derselben gefassten Beschlüsse, nach deren Veröffentlichung, Bedenken und Vorwürfe laut, welche sachlich nichts Neues vorbringen, sondern nur das, was den Kommissaren als der Beschluss gefasst ward schon hinlänglich bekannt und von ihnen reiflich erwogen war, so lässt man die Sache auf sich beruhen und auch durch das Vorgeben, dass die öffentliche Meinung entschieden dagegen sei, sich nicht irre machen, mit dem Bewusstsein, dass erfahrungsmässig diejenigen Betheiligten, in deren Sinne etwas beantragt wird, auch wenn sie die überwiegende Majorität bilden, weniger zu publiciren und zu agitiren pflegen, als eine noch so kleine in der Minorität gebliebene, in ihren Ansichten oder Interessen sich beeinträchtigt haltende Partei. Wenn aber die Kritik wirklich beachtenswerthe neue Gesichtspunkte oder Nachweise vorbringt, wird dies der Kommission und den Regierungen nur höchst willkommen sein können und durch nachträgliche Berücksichtigung der Sache nützen. Eine Publicität der dazu geeigneten Verhandlungen einer zur Feststellung des Entwurfs zu einem neuen deutschen Münzvertrag niedergesetzten Kommission der Regierungen empfiehlt sich auch von dem Gesichtspunkte aus, dass der von ihr schliesslich vorgelegte Entwurf, wenn er von den Regierungen genehmigt sein wird, in seinen Details später bei Gelegenheit der nachzusuchenden Zustimmungen der Landesvertretungen nicht abzuändern ist, sondern in seiner Eigenschaft als Staatsvertrag als Ganzes angenommen oder abgelehnt werden muss, wie dies seiner Zeit bei der Entscheidung über die Fortdauer des deutschen Zoll- und Handelsvereines der Fall war, welche durch unveränderte Annahme des Vertrags vom 8. Juli 1867 seitens des Reichstags und der Ständeversammlungen in den Süddeutschen Staaten geschehen ist.

Die Fragen, deren möglichst befriedigende Lösung später den zur Feststellung des neuen Münzvertrages zusammentretenden Bevollmächtigten die grösste Schwierigkeit bereiten wird, sind offenbar die vorzuschlagende gemeinschaftliche Münz- und Rechnungseinheit und die Bestimmung der Werthrelation, wonach beim Uebergange zum neuen Münzsystem, und damit zur Goldwährung, die älteren, auf Landes-Silber-Courant lautenden Zahlungsverbindlichkeiten, stillschweigend oder sobald eine der Parteien es verlangt, gesetzlich in die neue Gold-Courantmünze zu konvertiren sind. Wir haben im Vorstehenden nachgewiesen, wie ausserordentlich verschieden die Ansichten über diese beiden Fragen sind, und es lässt sich mit der allergrössten Gewissheit voraussagen, dass, wie immer auch die schliesslichen Vorschläge der Kommission ausfallen, wie lange Berathungen darüber auch vorhergehen und wie ausführlich und scharfsinnig auch die Motive lauten mögen, der Entwurf zum neuen Münzvertrage in dieser Beziehung viele Opposition finden wird. Hierauf muss man von vorneherein gefasst sein. Im Hinblick auf die grossen allgemeinen Vortheile und Annehmlichkeiten aber, welche die endliche Herstellung eines einheitlichen, decimalen, auf Goldwährung begründeten Münz- und Rechnungswesens in Deutschland, vornämlich wenn sie mit der Einführun des neuen metrischen Maass- und Gewichtsystems zusammenfällt, gewähren wird, darf zuversichtlich erwartet werden, dass sowohl bei den Regierungen wie bei der grossen Masse des urtheilsfähigen und geschäfttreibenden Publikums der nach gewissenhafter sorgfältiger Prüfung von einer unpartheiischen und sachkundigen Kommission vorzulegende Entwurf auf entschiedene Zustimmung wird rechnen können, wenn mancher auch im Einzelnen eine darin nicht zur Geltung gekommene Ansicht oder Modalität vorziehen möchte. Ob der Goldgulden (mit dem 25 Frankenstücke als Zehnfachem), oder der Goldthaler à 100 Schilling oder Sou, oder der Frank oder das Zehnfrankenstück als künftige Münzeinheit in Deutschland angenommen wird, — ob man für die Konvertirungsnorm die Werthrelation von 1 : 15,50 oder den Durchschnittssatz eines zu bestimmenden Zeitabschnitts annehmen wird, das sind Entscheidungen von ganz ausserordentlicher praktischer Bedeutung, allein ihre Lösung wird durch Warten nicht erleichtert, und für das Gesammt-Interesse und die Zukunft erscheinen sie doch nur untergeordnet, gegen den Fortschritt, der in der baldigen Erlangung eines einheitlichen, decimalen, auf alleinige Goldwährung begründeten Münzsystems sich ergeben würde.

Im Vorlauf der Verhandlungen über einen Deutschen Münzvertrag wird nothwendig noch die weitere Frage zur Erörterung kommen, ob die Deutschen Staaten, nachdem sie unter sich eine vertragsmässige enge Münzeinigung, im Anschluss an die Grundsätze der Münzkonferenz von 1867 zu Stande gebracht haben werden, dann auch ein Vertragverhältniss zu Frankreich und seinen Münzverbündeten eingehen sollen, in der Weise etwa, wie die provisorische Münzübereinkunft zwischen Oesterreich und Frankreich vom Juli 1867 dies beabsichtigt und wie verschiedene Aeusserungen in den Protokollen der internationalen Münzkonferenz es empfehlen. Unserer Ansicht nach ist von einem solchen förmlichen internationalen Vertrage abzurathen. Jeder Staat muss nicht aus Rücksicht auf fremde Länder, sondern im wohlverstandenen Interesse der eigenen Staatsangehörigen sein Münzwesen in möglichst gutem Stande halten, und hierzu bedarf es keines Vertrags mit anderen Staaten. Ist eine Staatsregierung nicht Willens oder nicht in der Lage, die strengste Ordnung in ihren Münzverhältnissen zu bewahren, so wird der andere Staat wenig Neigung verspüren, darin zu interveniren, und würde dies in der Regel auch wenig ausrichten. Was hat es z. B. geholfen, dass Oesterreich im Wiener Münzvertrage vom 24. Januar 1857 sich anheischig gemacht hatte, vom 1. Januar 1858 an kein Papiergeld mit Zwangskurs mehr auszugeben! Es ist gewiss unbedenklich und sehr zweckmässig, wenn diejenigen Staaten, welche ein gleiches oder doch ein sich anschliessendes Münzsystem haben, unter einander ohne weitere verbindliche Form sich darüber verständigen, durch welche Massregeln der gesetzliche Münzfuss am besten aufrecht zu erhalten, über den Münzfuss und die Maximal-Emission der Scheidemünze u. A.; allein ein grosses Land wie Deutschland hat deshalb nicht nöthig, durch einen förmlichen Vertrag sich für fernere münzpolitische Beschlüsse irgend die Hände zu binden. Selbst eine Uebereinkunft wegen gegenseitiger Zulassung der nach gleichem Münzsystem im anderen Staate geprägten Münzen bei den öffentlichen Kassen oder gar als gesetzliches allgemeines Zahlungsmittel erscheint überflüssig. Auch ohne solche vertragsmässige Bestimmung werden vollwichtige Münzstücke des gleichen Münzsystems, wenn auch unter dem Stempel eines anderen Staats ausgeprägt, ohne Anstand in Deutschland cirkuliren, und gleiches wird rücksichtlich der diesseitigen Münzen, in den anderen Ländern geschehen. Wenn dies unterbleibt, was indess höchst unwahrscheinlich, so ist das als kein besonderer Uebelstand zu betrachten. Für Deutschland tritt noch der Umstand hinzu, dass hier auf Grundlage der alleinigen Goldwährung ein neues Münzsystem eingeführt wird und also im Vergleich mit dem durchschnittlichen Metallgehalt der französischen Goldmünzen, von denen ein sehr beträchtlicher Theil schon länger im Umlauf ist, die neuen deutschen Goldmünzen anfänglich einen etwas höheren inneren Werth haben müssen. Der neue deutsche Münzvertrag wird dafür Sorge zu tragen wissen, nach dem Beispiel der Vorkehrungen in England, dass die deutschen Goldmünzen, welche über das Passirgewicht hinaus durch Abnutzung verloren haben, thunlichst aus dem Verkehr ausgestossen werden. Wenn in England, wo doch jeder Sovereign und halbe Sovereign, welche bei der Bank von England vorkommen, gewogen und, wenn um mehr als $1\frac{1}{2}$% zu leicht, kassirt werden (durchschnittlich im Jahre ca. 470,000 £), doch schon ein beträchtlicher Theil des Münzumlaufs in merklich abgenutzten Stücken besteht, wie dies neue Untersuchungen des Professor Jevons nachweisen, was wird dann nach einigen Jahrzehnten mit den 6000 Millionen Franken in französischen Goldmünzen eintreten, hinsichtlich derer bis jetzt gar keine Verkehrungen getroffen sind, um vorkommende zu leicht gewordene Stücke allmählig einzuziehen? Die Ehre, sich einer ausserordentlich starken Münzcirkulation zu erfreuen und unter seinem Stempel auch für die Nachbarstaaten die Ausprägungen grösstentheils mit besorgt zu haben, wird dereinst der französischen Staatskasse oder der Bevölkerung in Frankreich ziemlich theuer zu stehen kommen, wenn später zur Aufrechthaltung des Münzfusses eine Einziehung und Umprägung der älteren Stücke zum Betrage von einigen Tausend Millionen Franken unabweislich wird.

Da jeder Staat schliesslich für die unter seinem Stempel ausgegebenen Münzen aufkommen muss, so erscheint es in Rücksicht hierauf geboten, dass nicht unnöthigerweise Verträge geschlossen werden, um den Umlauf gleichartiger Münzen aller Länder ohne Unterschied durch einander absichtlich zu befördern. Insbesondere gilt dies von der Scheidemünze, deren thunlichste Zurückhaltung im Lande, wo sie geprägt ist und nach vorgeschrittener Abnutzung von der Staatskasse, die bei ihrer Emittirung einen für solchen Zweck zu reservirenden Ueberschuss gehabt hat, eingezogen und erneuert werden muss, wünschenswerth erscheint.*) Kleine Länder mögen in dieser Hinsicht vielleicht nicht in der Lage sein, für ihr Münzwesen die Selbstständigkeit genügend bewahren zu können, allein ein grosses Land wie Deutschland wird bei nationaler Münzeinheit, wenn es auch gerne die Hand dazu bieten wird, einer universellen Münzeinigung, so weit sie bei gleicher Rechnungseinheit und entsprechenden allgemeinen Grundsätzen der Münzpolitik ihre Berechtigung und Vortheile hat, seine Münzeinrichtungen thunlichst unterzuordnen, dieserhalb doch weder vertragsmässige Verbindlichkeiten einzugehen noch Rechte zu erwerben haben; dazu liegen praktische Gründe nicht vor, wohl aber sprechen Bedenken dagegen, die vielleicht für jetzt Vielen zu ängstlich erscheinen, aber für die Zukunft von Wichtigkeit sind. Bei Münzregulirungen trifft ganz

---
*) In England hat die Regierung in den 10 Jahren 1859—1868 an Silberscheidemünze 1,084,900 £ eingezogen und mit einem Verlust von 146,334 £ umgeprägt. — Die neuen Ausprägungen von Silbermünze im Zeitraum von 1859—1868 betrugen 3,410,182 £ und von Kupfermünze 1,000,345 £, wobei die Staatskasse einen Gewinn von resp. 21,660 und 507,311 £ hatte. (Parl. Pap.)

besonders der Ausspruch Machiavel's zu, der von gewissen Uebelständen sagt: sie seien im Anfange schwer zu erkennen, aber leicht abzuwenden, wenn sie jedoch erst um sich gegriffen hätten, seien sie sehr leicht zu erkennen, aber desto schwerer zu beseitigen.

Wir haben in unsern letzten Bemerkungen, wie hier unumwunden eingeräumt werden soll, einen Uebergriff gemacht über den eigentlichen Zweck dieser Denkschrift hinaus, indem wir vorweg schon auf die präsumtiven Aufgaben einer erst später von den Deutschen Regierungen niederzusetzenden Kommission zur Berathung eines Entwurfs zu einem neuen nationalen Münzvertrage etwas eingingen und sogar über das Verhältniss dieses nationalen Vertrages zu etwaigen Münzverträgen mit ausserdeutschen Staaten einige Andeutungen nicht zurückhielten. Es geschah dies vornämlich in der Absicht, um schon jetzt über das schliessliche Ziel, welches wir bei der Empfehlung der anfänglichen und vorbereitenden Schritte im Auge haben, keine Zweifel zu lassen: ausserdem aber, um uns gegen den Vorwurf zu schützen, aus enthusiastischer Hingabe an die grossartige Idee und die principiellen Konsequenzen einer künftigen universellen Münz- und Rechnungs-Einheit die zunächst doch festzuhaltenden praktischen Rücksichten und Grenzen ausser Acht gelassen zu haben. Wir bekennen vielmehr offen, dass uns die Wichtigkeit und Dringlichkeit einer baldigen Beseitigung der jetzigen Missverhältnisse und Unzuträglichkeiten der deutschen Münzzustände, sowie die von der Herstellung eines einheitlichen, decimalen, auf Goldwährung begründeten Münzwesens zu erwartenden Vortheile für sich allein völlig ausreichend erscheinen, um erforderlichen Falls auch ohne weitere Rücksicht auf die Frage universeller Münzeinigung vorzugehen. Diese letztere hat aber seit 1865 überall mehr und mehr Zustimmung erlangt und wenn sie auch jetzt und in naher Zeit praktisch noch nicht über ein gewisses Bereich hinauskommen sollte, so wird sie doch nicht wieder von der Tagesordnung der wirthschaftlichen Entwickelung verschwinden. Wie dadurch die Sachlage jetzt geworden ist und die öffentliche Meinung in Deutschland dadurch bestimmt wird, werden die Deutschen Regierungen die Herstellung einer einheitlichen deutschen Münzreform jedenfalls nur durch vorgängige Aufklärung und Feststellung der Beziehungen zur internationalen Münzeinigungung mit Erfolg erstreben können. Hiermit muss also, wie oben schon erwähnt, der Anfang gemacht und das Uebrige eingeleitet werden, denn sonst möchten mit dem Abwarten auf immer weiter zurückweichende opportune Zeitumstände und mit dem Entwerfen und Kritisiren neuer oder nur wiederholter Münzreform-Projecte vermuthlich noch Jahre vergehen, und Deutschland verbleibt bis auf Weiteres bei seinen neben- und durch-einander bestehenden sieben Münzsystemen, bei der Entbehrung der Erleichterungen, welche die Decimalrechnung vor Allem im Geldwesen allen Geschäften verschafft, und bei seiner isolirten Silberwahrung, die künftig um so grösseren Erschütterungen ausgesetzt sein wird, je mehr die alleinige Goldwährung für die übrigen handeltreibenden Nationen, ausser Deutschland und Holland, den Werthmassstab aller Dinge und das allgemeine Tauschmittel abgiebt.

Die vorliegende Denkschrift hat ihren Hauptzweck erreicht, wenn sie mit dazu beitragen wird, das Präsidium des Norddeutschen Bundes und die Regierungen der Süddeutschen Staaten von der Dringlichkeit und Opportunität einer einheitlichen deutschen Münzreform und des Ueberganges zur Goldwährung zu überzeugen und Dieselben zu bestimmen, nach gemeinsamer Verständigung baldigst eine Kommission niederzusetzen, um zunächst nur darüber zu berichten:

ob es nach der ganzen Sachlage geboten oder doch rathsam erscheint, bevor die Deutschen Staaten unter sich über den Abschluss eines neuen Münzvertrags in Verhandlung treten, eine nochmalige internationale Münzkonferenz zu beantragen und deren Ergebniss erst abzuwarten? — oder ob es den Vorzug verdiene, ohne eine solche neue internationale Münzkonferenz anzuregen oder abzuwarten, sofort schon Bevollmächtigte zu einer deutschen Münzkonferenz zusammen treten zu lassen, um, mit thunlichster Berücksichtigung der von der ersten internationalen Münzkonferenz empfohlenen Grundsätze für eine universelle Münzeinigung, einen an die Stelle des Wiener Münzvertrags vom 24. Januar 1857 zu setzenden neuen deutschen Münzvertrag zu berathen und abzuschliessen?

Wenn nach Vorlegung eines Berichts über diese Vorfrage die Deutschen Regierungen sich für ersteres entscheiden, würde von ihnen, unter Hinweis auf die jedenfalls schon in nächster Zeit vorzunehmende neue Regulirung der deutschen Münzverhältnisse, ohne Verzug an die Französische Regierung das Ersuchen zu richten sein, die Einladungen zu einer neuen internationalen Münzkonferenz ehestens ergehen zu lassen, und würden die Deutschen Regierungen, auf Grund des Berichts ihrer gemeinschaftlichen Kommission, sich über gleichmässige Instruirung der von ihnen in die neue internationale Münzkonferenz zu delegirenden Bevollmächtigten zu verständigen haben. Die Verhandlungen über einen neuen Deutschen Münzvertrag würden dann bis zum Schlusse solcher Konferenzen auszusetzen sein.

Würde der Kommissionsbericht jedoch die sofortige Eröffnung einer deutschen Münzkonferenz vorschlagen und die Regierungen dem zustimmen, so dürften die bei der beabsichtigten durchgreifenden Münz- und Währungs-Veränderung in Betracht kommenden mehrfachen und unter sich auszugleichenden verschiedenen Interessen und Gesichtspunkte für die Zusammensetzung der zur Feststellung des neuen Münzvertrags berufenen Konferenz massgebend sein. Ueber die Verhandlungen dieser deutschen Münzkonferenz, welcher die Befugniss zu ertheilen wäre, andere Sachverständige zur Auskunftsertheilung zuzuziehen, würden (selbstverständlich unter Ausschluss desjenigen, was nach Ansicht der Konferenz sich nicht für die Publicität eignet) fortlaufende Berichte möglichst zeitig zu veröffentlichen sein, und wäre der Konferenz aufzugeben, so weit es irgend angehe, ohne der Gründlichkeit der Berathungen Abbruch zu thun, den Abschluss des Vertrages in der Weise zu fördern, dass, vorbehältlich etwa nothwendiger oder wünschenswerther Uebergangsstadien für einzelne Verhältnisse, in der Hauptsache das neue Münzsystem, nach Genehmigung des neuen Münzvertrags seitens des Reichstags und der süddeutschen Ständeversammlungen, gleichzeitig mit der neuen Maass- und Gewichtsordnung in Anwendung kommen könne.

BERLIN, den 27. Mai 1869.

Der bleibende Ausschuß des Deutschen Handelstags.
(*Ad. Soetbeer*, Dr., Berichterstatter.)

Verzeichniss der Beilagen zu vorstehender Denkschrift.

A. Nachweis einiger Schriften und Aufsätze in Bezug auf Münzeinheit und Goldwährung in Deutschland sowie über internationale Münzeinigung.
1838—1848; — 1849—1860; — 1861—1866; — 1867—1869.

B. Uebersicht annähernder Schätzungen über Gold- und Silber-Produktion.

C. Nachweise über den Abfluss der edlen Metalle nach Ostasien.
1. Edelmetall-Einfuhr und Ausfuhr im Britischen Indien, 1845—1867.
2. Ausmünzungen im Britischen Indien, 1841—1866.
3. Deklarirte Edelmetall-Ausfuhr aus Europa nach dem Osten, 1851—1868.
4. Londoner Kurs in Kalkutta, 1841—1868.

D. Die Werthrelation der Edelmetalle, 1845—1868.
1. Der Londoner Silberpreis in den Jahren 1845 bis 1869, nach monatlichen Durchschnitten.
2. Jährlicher Durchschnitt des Londoner Silberpreises und des Londoner Wechselkurses k. S. in Hamburg, 1845—1869.
3. Tabelle zur Vergleichung der Londoner Silberpreise und der Londoner Wechselkurse in Hamburg mit der sich daraus ergebenden Werthrelation.

E. Zusammenstellung der Ausmünzungen in verschiedenen Staaten.
1. In Frankreich. — 2. In Grossbritannien. — 3. Im Britischen Ostindien. — 4. In den Vereinigten Staaten. — 5. In Deutschland.

F. 1. Uebersicht der Goldmünzsysteme verschiedener Länder und einiger neuerer Münzvorschläge.
2. Vergleich der vorgeschlagenen Münzsysteme der Gold-Gulden und der Gold-Franken mit dem Dreissigthaler- und mit dem süddeutschen Münzfusse, unter Zugrundelegung einer Werthrelation von 15.½.

Beilage A.

Nachweis einiger Schriften und Aufsätze in Bezug auf Münzeinheit und Goldwährung in Deutschland sowie über internationale Münzeinigung.

Für die Jahre von 1838 bis 1860 beschränkt sich der Nachweis auf eine Auswahl der bedeutenderen Schriften; für den Zeitraum von 1861 bis 1872, April, ist grössere Vollständigkeit erstrebt worden. — Die in Bezug auf die Münzreformen in der Schweiz (1849 f. und 1860 f.) und in Belgien (1860 f.) erschienenen zahlreichen Schriften sind nicht mit aufgeführt.

1838 — 1848.

J. G. Hoffmann. Die Lehre vom Gelde als Anleitung zu gründlichen Urtheilen über das Geldwesen. Mit besonderer Beziehung auf den Preussischen Staat vorgetragen. Berlin 1838.

— — Die Zeichen der Zeit im Deutschen Münzwesen; als Zugabe zu der Lehre vom Gelde. Berlin 1841.

A. von Humboldt. Ueber die Schwankungen der Goldproduction, mit Rücksicht auf staatswirthschaftliche Probleme. (Deutsche Vierteljahrs-Schr. IV, S. 1—40, Stuttg. 1838.)

W. Jacob. Ueber Production und Consumtion der edlen Metalle. Eine geschichtliche Untersuchung. A. d. Engl. mit Benutzung hauptsächlich mitgetheilter Verbesserungen des Verfassers und mit eigenen Zusätzen versehen von C. T. Kleinschrod. 2 Thle. Lpz. 1838.

F. Nebenius. Ueber die Schwankungen des circulirenden Mediums in Europa und deren Einfluss auf die Geldpreise der Dinge in den letzten fünf Decennien. (D. V. Schr. XII, 1—72.) Stuttg. 1841.

Vom Wesen des Geldes. Von einem Russischen Schriftsteller. Lpz. 1842.

J. Helferich. Von den periodischen Schwankungen im Werthe der edlen Metalle, von der Entdeckung Amerika's bis zum Jahre 1830. Eine historisch-ökonomische Monographie. Nürnberg 1843.

A. Soetbeer. Denkschrift über Hamburg's Münzverhältnisse. Hamburg 1846.

C. J. Bergius. Vorschläge zur Verbesserung des preussischen Münzwesens. (Archiv der politischen Oekonomie etc. N. F. VII. Bd. Heidelberg 1846.)

W. Nördlinger. Vorschläge zu einem allgemeinen deutschen Münz-, Maass- und Gewichtsystem. Mai 1848.

St. Clair Duport. De la production des métaux précieux au Mexique etc. Paris 1843

L. Faucher. Recherches sur l'or et l'argent, considérés comme étalon de la valeur. Mémoire lu à l'Académie des sciences morales. Paris 1843.

M. Chevalier. Des mines d'argent et d'or du Nouveau Monde. (Revue des deux mondes. Nouv. Sér. XVI, 960—1035, Paris 1846)

W. Ward. Remarks on the monetary legislation of Great Britain. London 1847.

1849 — 1860.

Ansichten über Gold- und Silberwährung in Bremen. Bremen 1850.

Die Entdeckung der Goldschätze in Californien und deren Folgen. (D. V. Schr. XVI, 175—204, 1850.)

A. Soetbeer. Andeutungen in Bezug auf die vermehrte Goldproduktion und ihren Einfluss. Hamburg 1852.

— — Beiträge und Materialien zur Beurtheilung von Geld- und Bankfragen mit besonderer Rücksicht auf Hamburg. Hamburg 1855.

— — Das Gold. Eine geschichtliche und volkswirthschaftliche Skizze. (»Gegenwart« Bd. XII. Lpz. 1856.)

Die Wichtigkeit der Silberwährung für Deutschland. Frankf. a. M. 1853.

S. Oppenheim. Die Natur des Geldes. Mainz 1855.

Die Deutsche Münzeinigung. (D. V. Schr. LXXIII. Stuttg. 1856.)

Denkschrift, betreffend die Einführung der Goldwährung in Deutschland, mit besonderer Rücksicht auf die hamburger Bankvaluta. Ausgearbeitet im Auftrage der Commerz-Deputation in Hamburg (von A. Soetbeer). Hamburg 1856.

A. v. Baumgartner. Die edlen Metalle und ihre natürliche Rangordnung als Geldstoffe. Wien 1857.

F. Keller. Die Gold- und Silberfrage. Ein Versuch. St. Gallen 1860.

W. Nördlinger. Die Zukunft des metrischen Systems und die Deutsche Münz-, Maass- und Gewicht-Einigung. Stuttg. 1860.

A. Vrolik. Le système monétaire du Royaume des Pays Bas, la refonte des vieilles monnaies d'argent et la démonétisation de l'or. Utrecht 1859.

M. Chevalier. Cours d'économie politique. III. Vol. La monnaie. Paris 1850.

— — De la baisse probable de l'or, des conséquences commerciales et sociales qu'elle peut avoir et des mesures qu'elle provoque. Paris 1859.

— — On the probable fall in the value of gold etc. Translated from the French, with preface by R. Cobden. Manchester 1859.

C. Coquelin. De la dépréciation de l'or et du système monétaire français. (Journal des Economistes. T. XXIX, 1861.)

L. Faucher. De la production et de la démonétisation de l'or. — La démonétisation en Hollande et la production en Russie, en Amérique et dans l'Australie. (Rev. d. d. m. Août. 1852.)

V. Lanjuinais. Nouvelles recherches sur la question de l'or. (Rev. d. d. m., Juillet 1855.)

A. P. Frichot. Études monétaires au point de vue de l'adoption par tous les peuples de l'uniformité de poids, de mesures et de monnaies. Paris 1855.

C. Tarassenko-Otreschkoff. De l'or et l'argent, leur origine, quantité extraite etc. etc. T. I. Paris 1856.

E. Levasseur. La question de l'or, les mines de Californie et d'Australie etc. etc. Paris 1858.

E. de Parieu. La question monétaire. (Revue contemporaine, Octobre 1858.)

— — La question monétaire en France. (Rev. contemp., Mars 1860.)

H. de Matigny. De la disparation de la monnaie d'argent et de son remplacement par la monnaie d'or ou situation monétaire de la France en 1859. 2. éd. Par. 1859.

E. de Laveleye. La question de l'or en Belgique. Bruxelles 1860.

J. T. Danson. Of the quantity of gold and silver supposed to have passed from America to Europe, from the discovery of the former country to the present time. (Journ. of the Stat. Soc. of London. XIV. 11—44. 1851.)

J. Ward. A history of gold as a commodity and as a measure of value. Its fluctuations both in ancient and modern times, with an estimate of the probable supplies from California and Australia. Lond. 1852

F. Scheer. A letter to Th. Baring Esq. on the effects of the Californian and Australian gold discoveries. Lond. 1852.

Observations on the effect of the Californian and Australian gold; and on the impossibility of continuing the present standard, in the event of gold becoming seriously depreciated. Lond. 1852.

P. F. Stirling. The Australian and Californian gold discoveries and their probable consequences etc. Lond. 1853.

W. Austin. On the imminent depreciation of gold and how to avoid loss. Lond. 1853.

W. Newmarch. The new supplies of gold; facts, and statements, relative to their actual amount; and their present and probable effects. Lond. 1853.

Report from the select committee on decimal coinage; together with the proceeding of the committee, minute of evidence, appendix and index. London 1853. (Parl. pap.)

J. Bowring. The decimal system in numbers, coins, and account; especially with reference to the decimalisation of the currency and the accountancy of the United Kingdom. Lond. 1854.

J. Laurie. Decimal coinage etc. Lond. 1854.

Preliminary report of the decimal coinage commissioners. Lond. 1857. (Parl. pap.)

Final report of the decimal coinage commissioners. Lond. 1859. (Parl. pap.)

1861—1866.

(H. Welbezahn.) Die deutsche Münzfrage. Versuch einer Lösung derselben in einheitlicher Richtung, unter Anbahnung des Uebergangs zur Goldwährung. Rinteln 1861.

Zur Frage der deutschen Münzeinheit, mit besonderer Rücksicht auf die abweichenden Währungen in Hamburg und Bremen. Für den deutschen Handelstag als Manuscript gedruckt. Heidelberg. Mai 1861.

Antrag in Bezug auf Herstellung einer allgemeinen deutschen Münzeinheit, seitens der Vor-Commission des ersten deutschen Handelstags (Ad. Soetbeer Berichterstatter.) Heidelb. 1861.

Verhandlungen des ersten deutschen Handelstags zu Heidelberg, v. 13.—18. Mai 1861 Nach den stenographischen Aufzeichnungen. — Herstellung einer allgemeinen deutschen Münzeinheit. SS. 31 bis 46. Anlage SS. 97—100. Berlin 1861.

Bremer Handelsblatt.
Jahrg. 1862. No. 583. Zur deutschen Münzfrage. — No. 579. Silberwährung oder Goldwährung? — No. 585. Die Einführung des französischen Münzsystems in Deutschland.

Jahrg. 1863. No. 614. Das Sinken des Goldwerths.

Jahrg. 1864. No. 672. Ein Vorschlag, betr. die bremer Valuta. — No. 679. Die deutsche Goldmünze.

Jahrg. 1865. No. 709—713 u. No. 721. Die Einführung der Goldwährung im britischen Indien. — No. 719. Die Bankfreiheit u. d. Goldwährung.

Jahrg. 1866. No. 755. Die Doppelwährung. — No. 759. Das Viertel im Münz-, Maass- und Gewichtssystem. — No. 771. Ueber deutsche Goldausmünzung. — No. 788 u. 789. Zur deutschen Münzfrage.

Die fünfte Sitzungsperiode des internationalen statistischen Congresses in Berlin vom 4. bis 12. September 1863. 2 Bde. Berlin 1865. II. Bd. S. 343—390. (Sechste Section. Die Einheit der Münzen, Maasse und Gewichte als wichtigstes Hilfsmittel der vergleichenden Statistik.)

J. C. Ravit. Beiträge z. Lehre v. Gelde. Lübeck 1862.

A. Soetbeer. Die Goldfrage und deren Einfluss auf das Münzwesen der handeltreibenden Länder. (Zeitschrift für die gesammte Staatswissenschaft. 18. Jahrg. 1. Heft. Tübingen 1862)

— — Goldwährung und deutsche Münzverhältnisse. (Vierteljahrschr. für Volkswirthschaft etc. 1. Jahrg. 3. u. 4. Bd. Berlin 1863.)

— — Der Silberabfluss nach Ostasien. (Vierteljahrschrift für Volkswirthschaft etc. II. Jahrg. 1. Bd. Berlin 1864.)

A. Soetbeer. Produktion der Edelmetalle während der Jahre 1849 bis 1863. (Vierteljahrschrift für Volkswirthschaft etc. III Jahrg. 2 Bd. Berlin 1865.)

Zusammenstellung der Erklärungen von 25 deutschen Handelskammern in Betreff der Goldausmünzung in Deutschland. Herausgegeben von dem bleibenden Ausschusse des deutschen Handelstags im März 1865. Berlin 1865.

Verhandlungen der vom hamburgischen Kaufmanns-Convent zur Prüfung der Valuta-Frage niedergesetzten Commission. Januar—März 1865. Veröffentlicht seitens der Commerz-Deputation. Hamburg 1865. 4°.

H. Grote. Die Geldlehre. Insbesondere der Wiener Münzvertrag von 1857; die Goldkronen und die deutschen Handelsvereine. Leipzig 1865.

O. Weishaupt. Bericht, betreffend die Beschaffung einer neuen Goldmünze für die durch den Münzvertrag vom 24. Januar 1857 verbundenen Staaten etc. Cassel 1865.

Verhandlungen in Betreff deutscher Münzeinheit und einer neuen Vereins-Goldmünze in der dritten Sitzung des dritten deutschen Handelstages am 27. September 1865. Berichterstatter Ad. Soetbeer. (Separat-Abdruck aus den Stenographischen Berichten des dritten deutschen Handelstages. Berlin 1865.)

Léon. Question monétaire. Lettre à Mr. le directeur du Journal des Économistes. (Journ. d. Écon., Janvier 1861.)

J. E Horn. Le double étalon monétaire. (Journ. d. Écon., Mars 1861.)

— — Ou en est la crise monétaire? (Journ. d. Écon., Juillet 1861.)

A. Blaise. La question monétaire. (Journ. d Écon. Août 1861.

Jacob, Des monnaies divisionaires d'argent. (Journ. d. Écon., Mars 1862.)

R. de Fontenay. Documents nouveaux pour servir à l'étude de la question monétaire. (Journ. d. Écon., Novembre 1862.)

P. Laur. De la production des métaux précieux en Californie. Paris 1862.

H. Landrin. Traité de l'or. Monographie: histoire naturelle, exploration, statistique etc. Paris 1863.

Bordet, L'or et l'argent en 1864. Paris 1864.

C. Roswag. Les métaux précieux considerés au point de vue économique. Paris 1865.

M. Nahuys. De l'établissement d'une monnaie universelle. Utrecht 1865.

E. de Parieu. L'union monétaire de la France, de l'Italie, de la Belgique et de la Suisse. Le Münzverein latin. (Revue contempor., Octob. 1866.)

M. Chevalier. Cours d'économie politique etc. III. vol. 2. éd. refondue et considérablement augmentée. La monnaie. Paris 1866.

W. S. Jevons. A serious fall in the value of gold ascertained, and its local effects set forth. With two diagrams. London 1863.

W. Nassau Lees. The drain of silver to the East and the currency of India. London 1864.

W. R. Mansfield. On the introduction of a gold currency into India. London 1864.

F. Hendriks. Decimal coinage: a plan for its immediate extension in England, in connection with the international coinage of France and other countries. London 1866.

1867 — 1869 (April).

Bremer Handelsblatt.
Jahrg. 1867. No. 816. Bemerkungen zu dem Gutachten der österreichischen Münzkommission. — No. 824. Der Sou als niedrigste Münzeinheit. — No. 831. Münzeinheit und Goldwährung. — No. 834. Gulden oder Franken. — No. 838. Preussen o. Grossbritannien in der internationalen Münzkonferenz zu Paris. — No. 840. Deutschlands Aufgabe in der Münzfrage. — No. 841. Franken oder Goldgulden? — No. 844. Die Rechnungseinheit bei Einführung der Goldwährung in Deutschland. — No. 845. Deutschlands Aufgabe in der Münzfrage; Franken od. Gulden? — No. 846. Die Münzfrage in England.

— — 1868. No. 859. Der gegenwärtige Stand der Weltmünzfrage. — No. 861. Ein Schritt zur Abschaffung der Doppelwährung in Frankreich. — No. 870. Indische Handelsbilanz und deutsche Münzeinheit. — No. 882. Falsche Anstände in der Münzfrage. — No. 887. Die Edelmetallproduction während der Jahre 1864—1867. — No. 888. Die Münz-Preisschriften des Handelstags. — No. 894 und 895. Englischer Commissionsbericht über internationale Münzeinigung.

— — 1869. No. 899. Bedenken gegen die sogenannte Doppelwährung. — No. 906. Gold u. Silber als einheitliche Währung ohne gesetzlich. Verhaltniss. — No. 918. Die Münzfrage in den Vereinigten Staaten.

Verhandlungen d. Special-Commission für Berathung der Münzfrage vom 10. bis 14. April 1867, Unter dem Vorsitze des Freiherrn v. Hock. Wien 1867.

C. von Hock. Der Münzvertrag vom 24. Januar 1857 und seine Gebrechen. (Oesterr. Revue 1867, 2. Heft. Wien.)

Bericht über die Verhandlungen des neunten Congresses deutscher Volkswirthe zu Hamburg am 26.—29. August 1867. (Dritte Sitzung: Münzeinheit und Goldwährung.) Berlin 1867.

A. Lammers. Deutsche Münzreform. (Preuss. Jahrbücher. Bd. XX, Heft 5. Berlin 1867.)

Deutschlands Aufgabe in der Münzfr. Bremen 1868.

G. Hartmann. Ueber den rechtlichen Begriff des Geldes u. d. Inhalt v. Geldschulden. Braunsch. 1868.

H. Contzen. Ueber die Geschichte des Geldes und über Goldwährung. Leipzig 1868.

Der Uebergang zur Goldwährung. Eine Sammlung von Preisschriften, herausgegeben v. d. bleibenden Ausschuss des deutsch. Handelstages. Berlin 1868. Einleitung V.—XV.

H. Grote. Der Uebergang v. der Silberwährung zu der Goldwährung. S. 1—76.

G. Millauer. Die Einführung der Goldwährung in Deutschland. S. 77—127.

H. Welbezahn. Zur deutschen Münzreform. S. 128—161.

R. Bach. Die nothwendigen Vorbereitungen für den Uebergang z. Goldwährung. S. 163—216.

J. G. Killermann. Beantwortung der Preisfrage.

H. Welbezahn. Der Goldgulden als die demnächstige deutsche Rechnungsmünze. 2. verm. Ausgabe. Köln und Leipzig 1868.

L. Goldschmidt. Handbuch d. Handelsrechts. 1 Bd., 2. Abtheil. (Drittes Buch, Abschnitt II. Das Geld. §§ 91—109. S. 1060—1231.) Erlangen 1868.

Verhandlungen d. vierten deutsch. Handelstags über die Frage der Herstellung deutsch. Münzeinheit u. Annahme d. Goldwährung. Berlin am 20 u. 21 Oct. 1868. Berichterstatter Ad. Soetbeer. (Aus dem stenograph. Berichte.)

G. D. Augspurg. Zur deutschen Münzfr. Bremen 1868.

— — Zur deutschen Münzfrage. II. — Nachträge. Bremen 1868.

— — Zur deutschen Münzfrage. III. Bremen 1869.

F. Xeller (Bergrath und Münzwardein in Stuttgart). Die Frage der Internationalen Münzeinigung u. der Reform des deutschen Münzwesens, mit besonderer Rücksicht auf Süddeutschland. Stuttgart 1869.

J. Prince-Smith. Währung und Münze. (Annalen des Norddeutschen Bundes etc. v. Dr. G. Hirth. 1. Heft. Jahrg. 1869. Berlin 1869.)

Uebersichten über die in den Staaten des Norddeutschen Bundes stattgehabten Ausprägungen und Einziehungen von Gold-, Silber- und Kupfer-Münzen. No 8 der Actenstücke des Bundesraths, Session 1869. Berlin Fol.

(A. Soetbeer). Zur deutschen Münzfrage. I—III. (Hamburgische Börsenhalle, März 1869.)

C. Schultz. Die Deutsche Münzreform und der Anschluss an das Frankensystem. Unter Berücksichtigung der gekrönten Preisschrift von H. Grote. Berlin 1869.

Zur allgemeinen Münzeinheit. Die internationale Münzconferenz zu Paris im Jahre 1867. Uebersetzung, Einleitung und Bemerkungen von Geschwender. Erlangen 1869

P. J. Bachiene. De internationale Mont-Conferentie in 1867. Gravenhage, September 1868. (Overgedrukt uit de Economist 1868.)

Engelenburg. Proeven van wetout werpen ter invoering van het frankenstelsel etc. Nimwegen 1868.

Ministère des finances. — Rapport de la commission chargée d'étudier la question de l'Étalon monétaire. Paris, 1867.

Conférence monétaire internationale. Procès verbaux. Paris, 1867.

Exposition universelle de 1867. Comité des poids et mesures et des monnaies Rapport concernant l'uniformité des poids. (Paris, Juillet 1867.)

Ministère des finances. Documents relatifs à la question monétaire. Paris, 1868. 4°.

— — Rapport de la Commission chargée d'étudier la question de l'étalon monétaire. Paris, Mars 1869.

Société d'Economie politique. — Réunion du 5. Juin 1867. La question monétaire: le double étalon; les deux métaux; le rapport légal; désordres monétaires dans les Républiques de l'Amérique du Sud: le système métrique. (Journ. d. Écon. Juin 1867.)

— — Réunion de Novembre 1868. La question monétaire. Historique du mouvement actuel. — Le franc d'or (Journ. d. Écon., Novembre 1868.)

— — Réunion de Decbr. 1868. Question monétaire. Le franc d'or. (Journ. d. Écon., Décembre 1868.)

— — Réunion de Janvier 1869. Deux lettres sur la question monétaire par M. Léon. — Discussion. Le double étalon ou le rapport légal. La monnaie universelle. Le système métrique. Reponse de Michel Chevalier à M. Foucher de Careil. (Journ. d. Écon., Janvier 1869.)

E. de Parieu De l'uniformité monétaire. (Journ. d. Écon., Juin 1867.)

— — Situation de la question monétaire internationale. (Journ. d. Écon., Avril 1868.)

— — La question monétaire et l'opportunité de sa solution. (Revue contemporaine, Juin 1869.)

— — De l'uniformité monétaire. Paris 1867. (Journ. d. Écon., Juin 1868.)

— — Unification monétaire. Réfutation des arguments de la minorité de la commission du sénat des États Unis (Journ. d. Écon., Sept. 1868.)

— — Les conférences monétaires internationales de 1867 et leurs résultats. (Jour. d. Écon. Février 1869.)

A. E Cherbuliez. Nature de la monnaie complémentaire de la convention de 1865. (Journ. d. Écon. Janvier 1867.)

E. de Laveleye La monnaie internationale (Rev. d. d. m., Avril 1867.)

Vasquez Queipo. La cuadruple Convencion monetaria considerada en su origen, objeto etc. Madrid 1867.

T. Mannequin. Uniformité monétaire. Rapport au comité syndical des républiques de l'Amérique centrale et méridionale. Paris 1867.

Courcelle-Seneuil Projet d'une monnaie internationale. (Journ. d. Écon., Avril 1868.)

Ch. Le Touzé De l'uniformité monétaire et de l'unité d'étalon. (Journ. de Écon., Mars 1868.)

Ch. Le Touzé. Nécessité de résoudre la question monétaire. (Journ. de Écon., Juillet 1868.)

— — La question monétaire et le rapport de la Commission. (Cour. de la Gironde, 24. avril 1868.)

— — La Convention monétaire du 23. Décembre 1865 et la Commission anglaise. (Courrier de la Gironde, 27. Novembre 1868.)

— — La question monétaire et la démonétisation de l'argent. I—V. article. — Courrier de la Gironde, Janvier et Février 1869.

L. Wolowski. De l'influence du change sur le marché monétaire. (Rev. d. d. m , Sept. 1868.)

— — Les métaux précieux et la circulation fiduciaire. (Journ. d. Écon.. Octobre 1868.)

— — Quelques notes sur la question monétaire. (Publié comme manuscrit.) Paris 1868.

M. Chevalier. Lettre à M. Ed. Bertin, Directeur gérant du Journal des Débats. (Journ. d. Débats, 19. Octobre 1868)

— — De l'établissement d'une monnaie universelle. (Journ. d. Écon., Novembre 1868.)

P. Roux. Enquête monétaire. (Journ. d. Écon., Juin 1868.)

Léon. La Convention monétaire du 23. Décembre et l'uniformité des monnaies. Paris 1868.

T. N. Bénard. Enquête anglaise sur la monnaie internationale. (Journ. d. Écon., Décembre 1868.)

V. Bonnet. La question de l'or. I. La dépréciation de la monnaie. II. Le double étalon monétaire. III. Les differens systèmes de monnaie internationale. (Rev. d. d. m. Octobre et Novembre 1868, Mars 1869.)

A. Blaise. La monnaie internationale. (La Liberté, 30. Mars 1869.)

— — Des conclusions adoptées par la Commission française monétaire. (Journ. d. Econ. Avril 1869.)

S. Ruggles. Report to the Department of State. Washington, 1867.

Report of the Commissioner of the General Land Office of the United States. dated Octbr. 15, 1867. Published by order of Congress. Washington 1868.

International coinage. Report of Mr. Morgan, from the Senate Committee on finance, 1868. (Merchant's Magazine and commercial review, Vol. LIX, No. 1.)

Memorandum. Metrical system of international coinage. (Washington, Treasury Department, April 1869.

J. Ross Brown. Report on the mineral resources of the States and Territories west of the Rocky Mountains. Communicated to Congress, March 5, 1868. Washington 1868, pp. 674.

J. W. Taylor. Report to the treasury Departement on the mineral resources of the United States, east of the Rocky Mountains, May 2, 1868. Washington 1868.

Report of the international conference on weight, measures and coins, held in Paris, June 1867; communicated to Lord Stanley by Professor Leone Levi; and Report of the master of the mint and Mr. Rivers Wilson on the international monetary conference held in Paris, June 1867. London, March 1868. (Parl pap.)

Report from the Royal Commission on international coinage, together with the minutes of evidence and appendix. Presented to both houses of Parliament by command of Her Majesty. London 1868. (Parl. pap)

W Stanley Jevons. On the condition of the metallic currency of the United Kingdom, with reference to the question of international coinage. London, November 1868. (Journ. of the Statistical Society of London. Vol. XXXI, part. IV.)

E. Seyd. Bullion and foreign exchanges theoretically and practically considered; followed by a defence of the double valuation, with special reference to the proposed system of universal coinage. London 1868.

The practical proposals for an international coinage etc. I—V. (Economist, December 1868.)

W. Bagehot. A practical plan for assimilating the english and american money as a step towards a universal money. Reprinted from the Economist, with additions and a preface. London 1869.

N. A. Nicholson. Observations on coinage, and our present monetary system. 3. ed. Lond. 1869.

East India Currency. Copy of the report of the Commission appointed by the Government of India to consider the question of the currency. 16. March 1868. (Parl. pap)

J. T. Smith. Remarks on a gold currency for India and proposal of measures for the introduction of the british sovereign; also, a suggestion regarding international coinage. London 1868.

B. Gesammtproduktion der Edelmetalle nach annähernder Schätzung auf Grund specieller Untersuchungen.

Jahr.	Nach Gewicht.		Nach Werth.			
	Gold. Pfd.	Silber. Pfd.	Gold. Thlr.	Silber. Thlr.	Gold. %	Silber. %
1800	44800	1.800000	20.832000	54.000000	27.8	72.2
1846	125700	1.700000	58.450500	53.400000	52.3	47.7
1849	224000	1.910000	104.160000	57.300000	64.5	35.5
1850	251200	2.090000	116.808000	62.700000	65.1	34.9
1851	290800	2.010000	138.012000	60.300000	69.6	30.4
1852	477100	1.980000	221.851500	59.400000	78.9	21.1
1853	504900	1.870000	234.778500	56.100000	80.7	19.3
1854	450300	1.900000	209.389500	57.000000	78.6	21.4
1855	440800	2.000000	204.739500	60.000000	77.3	22.7
1856	466100	2.030000	216.736500	60.900000	78.1	21.9
1857	455200	2.120000	211.665000	63.600000	76.9	23.1
1858	442000	2.250000	205.530000	67.500000	75.3	24.7
1859	413100	2.270000	192.091500	68.100000	73.8	26.2
1860	383930	2.380000	178.234500	71.400000	71.4	28.6
1861	384000	2.490000	178.560000	74.700000	70.5	29.5
1862	379000	2.650000	176.235000	79.500000	68.9	31.1
1863	385000	2.900000	179.025000	87.000000	67.3	32.7
1864	390000	2.940000	181.350000	88.200000	67.3	32.7
1865	404000	3.250000	187.860000	97.500000	65.8	34.2
1866	412500	3.200000	191.812500	96.000000	66.6	33.4
1867	415000	3.250000	192.975000	97.500000	66.4	33.6

Die „Commercial History and Review of 1868" im „Supplement to the Economist March 13, 1869" schätzt die Edelmetall-Production beträchtlich höher als die vorstehende Uebersicht und würde darnach auch das Verhältniss des Silbers bedeutender sein als in unserer Zusammenstellung. Zur Vergleichung werden die Angaben des Economist nachstehend mitgetheilt, unter Reduction (1 £ = $6^2/_3$ $) auf den Werth in deutschen Thalern:

Jahre (durchschnittlich pr. Jahr)	Gold $	Silber $	Gold und Silber zusammen $	Procentverhältniss	
				Gold	Silber
1849—51:	159,330000	103,330000	262,660000	60.7	39.3
1852—56:	258,000000	107,330000	365,330000	70.6	29.4
1857—59:	243,330000	114,000000	357,330000	68.1	31.9
1860—63:	223,330000	121,330000	344,660000	64.7	35.3
1864—68:	200,000000	130,000000	330,000000	60.6	39.4

(Beilage B.)

Ein Vergleich dieser letzteren Angaben mit den vorangestellten, auf eigenen Ermittelungen beruhenden Schätzungen zeigt, wie gesagt, einen bedeutenden Unterschied, und zwar weisen diejenigen des Economist höhere Summen auf, namentlich hinsichtlich der Silberproduction. Nach unserer Schätzung ist die gesammte Silbergewinnung anzunehmen im Durchschnitt der Jahre 1852 bis 1856 auf ca. 60 Millionen ℳ, während der „Economist" solche auf 107½ Millionen ℳ angiebt, und für den Zeitraum 1864—1867 sind die beiderseitigen Schätzungen resp. 95 und 130 Millionen ℳ. — Eine wiederholte Prüfung hat aber völlig die Ansicht bestätigt, dass die Schätzungen im Economist als viel zu hoch gelten müssen und keine positive Momente für die Wahrscheinlichkeit vorliegen, dass unsere Veranschlagungen als zu niedrig zu erachten seien, die auch denjenigen anderer Statistiker wesentlich näher stehen. Herr Michel Chevalier z. B. schätzt in der 1866 erschienenen zweiten Ausgabe seines Werkes: „La Monnaie" die damalige jährliche Silberproduction auf 1.399,000 Kilogramm, also einen Werth von nahezu 84 Millionen ℳ, was mit unserer Schätzung ziemlich übereinstimmt, wie denn auch die von Herrn Chevalier angenommene jährliche Goldproduction von 204,384 Kilogramm der unsrigen sehr nahe kommt. — Eine specielle Darlegung der Grundlagen unserer Ermittlung würde hier zu weit führen und dürfte es auch genügen, folgenden Umstand zu erwähnen. Die mit den westindischen Dampfern nach England beförderten Silbercontanten aus Mexico und der Westküste Amerika's, den bei weitem bedeutendsten Ländern der Silberproduction, betrugen im Durchschnitt der Jahre 1858—66 ca. 5 Millionen £ und in den Jahren 1867 und 1868 resp. 5,031000 und 3,200000 £, was offenbar in einem viel ungemesseneren Verhältniss zu unserer Schätzung steht, als zu den um ca. 80 bis 35 Procent höheren Anschlägen des Economist. — In Betreff der Goldproduction stehen sich die beiderseitigen Schätzungen beträchtlich näher, wenngleich auch hierbei die Angaben im Economist ansehnlich höhere Summen zeigen. Bemerkenswerth ist aber der wesentliche Umstand, dass rücksichtlich der Schwankungen der Production beider Edelmetalle in den verschiedenen Zeitabschnitten von 1849 bis 1868 die beiderseitigen Aufstellungen ein entsprechendes Verhältniss constatiren.

Auch die Statistik der Edelmetall-Production, welche auf Veranlassung der Regierung der Vereinigten Staaten im Annual Report of the Commissioner of the General Land Office (Joseph S. Wilson), Washington, 1868, mitgetheilt wird, enthält eine Schätzung, welche mit der unsrigen wesentlich übereinstimmt, also ebenfalls erheblich geringere Summen aufweiset als der Economist. Herr Wilson's Veranschlagung der Gold- und Silber-Production der letztverflossenen Jahre ist (auf den Werth deutscher Thaler berechnet) folgende:

Productionsländer.	Gold	Silber	Gold und Silber zusammen
	ℳ	ℳ	ℳ
Amerika	104,527000	84,767000	189,294000
Europa	2,799000	11,194000	13,993000
Asien	20,989000	1,399000	22,388000
Australien u. Neuseeland	65,767000	280000	66,047000
Im Ganzen	194,082000	97,640000	291,772000

C. Edelmetall-Abfluss nach Ost-Asien.

C. 1. — Uebersicht der Edelmetall-Einfuhr und Ausfuhr im Britischen Indien während der Jahre 1845—1867 nebst einigen damit zusammenhängenden Notizen.

Die folgenden Zusammenstellungen sind meistens entnommen aus den zollamtlichen und anderen officiellen Nachweisen in „Statistical Abstract for British India."
Die Jahre sind Rechnungsjahre der Indischen Verwaltung mit dem 30. April endend. Bei der Reduction ist 1 £ = 6²/₃ ℳ gerechnet. — Für die Angaben über die Edelmetall-Verschiffungen aus England und Häfen des Mittelmeers nach Ostasien ist vornämlich das Supplement zum Economist vom 13. März 1869 benutzt worden.

Jahr	Einfuhr		Ausfuhr	
	Gold	Silber	Gold	Silber
	ℳ	ℳ	ℳ	ℳ
1845—50 Durchschn.	6,895000	14,675000	331000	8,120000
1851	7,702000	17,710000	13000	3,595000
1852	8,925000	24,755000	474000	5,653000
1853	8,941000	29,935000	1,126000	5,901000
1854	7,191000	25,138000	115000	9,766000
1855	5,885000	7,634000	1,010000	7,437000
1856	16,722000	58,619000	14000	3,989000
1857	14,507000	81,585000	566000	7,763000
1858	18,867000	86,569000	313000	5,109000
1859	29,582000	55,865000	73000	4,342000
1860	28,587000	80,460000	25000	6,142000
1851—60 Durchschn.	14,691000	46,827000	373000	5,970000
1861	28,283000	42,898000	66000	7,378000
1862	34,603000	65,077000	40000	4,501000
1863	45,877000	90,849000	223000	7,182000
1864	59,470000	93,163000	181000	8,253000
1865	65,834000	76,589000	233000	9,397000
1866	42,486000	134,563000	4,323000	10,105000

Hiernach hat in den 16 Jahren vom 1. Mai 1850 bis 30. April 1866 die zollamtlich declarirte Edelmetall-Einfuhr im Britischen Indien im Ganzen betragen
an Gold...... 423,462000 ℳ.
und „ Silber....... 971,409000 „

Rechnet man die declarirte Ausfuhr ab, so ergiebt sich als Mehr-Einfuhr
an Gold........ 410,345000 ℳ.
und „ Silber........ 864,069000 „

Im Jahre 1866—67 war der Werth der Edelmetall-Einfuhr im Britischen Indien 97,300000 ℳ, der Ausfuhr 16,500000 ℳ.

(Beilage C. 1.)

C. 2. — Ausmünzungen im Britischen Indien.

Jahr	Gold ₰	Silber ₰
1851	825000	1,744000
1852	417000	2,827000
1853	—	3,673000
1854	971000	3,502000
1855	18000	911000
1856	1,119000	4,649000
1857	855000	71,862000
1858	292000	83,676000
1859	829000	43,453000
1860	457000	71,178000
1861	462000	34,611000
1862	391000	47,136000
1863	871000	61,677000
1864	362000	76,531000
1865	638000	69,906000
1866	118000	96,714000

Die Silberausmünzungen im Britischen Indien haben mithin während der zehn Jahre vom 1. Mai 1856 bis 30. April 1866 den enormen Betrag von mehr als 670 Millionen ₰ erreicht, während die gleichzeitige gesammte Silberproduction nach möglichst genauer Schätzung 800 Millionen ₰ keinenfalls überstiegen haben wird und die declarirte Silbereinfuhr aus Mexico und der Westküste Amerika's in England in diesem Zeitraume nur etwa 300 Millionen ₰ betragen hat.

Nach Herrn Lowe's Berichten betrug die declarirte Edelmetall-Ausfuhr aus England und den Häfen am Mittelmeer nach dem Osten (Aegypten, Indien und China):

Jahr	Gold ₰	Silber ₰
1851—56 Durchschn.	5,400000	40,267000
1857—61 do.	7,533000	82,467000
1862—65 do.	38,173000	93,907000
1866	19,133000	47,167000
1867	9,987000	13,640000
1868	29,567000	20,987000

Betrachten wir speciell die Edelmetall-Ausfuhr nach dem Orient in den beiden letztverflossenen Jahren, so findet sich solche in anderen Makler-Berichten angegeben:

	1867.	1868.
nach Alexandrien	6,150000 ₰	31,770000 ₰
„ Indien und China	18,240000 „	36,160000 „
zusammen (Gold u. Silber)	24,390000 ₰	67,930000 ₰

Der Londoner Cours in Calcutta (sechs Monat S.) war im Jahres-Durchschnitt:

1841—45:	23	Pence pr. Rupie.	1861—65:	25	Pence pr. Rupie.
1846—50:	23 1/8	„ „ „	1866:	23 1/8	„ „ „
1851—55:	25	„ „ „	1867:	23 5/8	„ „ „
1856—60:	25 1/4	„ „ „	1868:	23 1/2	„ „ „

(Beilage C. 2.)

D. Werthrelation der Edelmetalle.

D. 1. — Der Preis des Silbers in London in den Jahren 1845—1869.

In London ist seit längerer Zeit unzweifelhaft der bei weitem bedeutendste Markt für Edelmetall, so zu sagen der Weltmarkt für Gold und Silber. Dieser Umstand und die unentgeltliche Ausprägung der britischen Goldmünze lassen den in London wirklich bezahlten Preis für Silber in Barren — Pence Sterling pro Unze Standard-Silber, d. h. Silber von 37/40 Feinheit — als den allgemeinen und sichern Maasstab anerkennen, um das gegenseitige Werthverhältniss zwischen Gold und Silber — die Werthrelation der Edelmetalle — in den betreffenden Zeitabschnitten festzustellen. Alle sonstigen Berechnungen, um diese Werthrelation zu ermitteln, sind für den allgemeinen Verkehr irrelevant, und können, soweit sie von den aus dem Londoner Silberpreis abgeleiteten Angaben abweichen, wenig in Betracht kommen. Zunächst jener Feststellung würde, gleichsam zur Controlle für den in Rede stehenden Zweck, noch der kurze Londoner Wechselcours in Hamburg als maassgebend erachtet werden können — Mark und Schilling Banco pro Pfund Sterling — da hier das feine Silber in Barren gegen Goldmünze ohne Prägekosten zu Vergleichung kommt. In der nachstehenden Uebersicht sind die monatlichen Durchschnittspreise in der Art festgestellt, dass von den vier Notirungen am 1., 8., 15. und 22. (beziehungsweise den nächsten Courstagen) jedes Monats der Durchschnitt genommen ist. Wenn in einem Monate sich ungewöhnliche Abweichungen oder Schwankungen zeigten, ist der Durchschnitt sämmtlicher Notirungen desselben genommen, der aber fast durchweg mit der sonstigen Ermittelung das nämliche Resultat ergab.

Jahre	Januar	Febr.	März	April	Mai	Juni	Juli	August	Septbr.	Octbr.	Novbr.	Decbr.
	d. pr. Uns. St.											
1845	59 1/2	59 1/4	59 1/4	58 7/8	58 7/8	59	59 1/8	59 1/4	59 1/4	59 1/4	59 11/16	59 1/2
1846	59 7/8	59 1/2	59 1/2	59 1/4	59	59	59 1/8	59 1/4	59 1/4	59 1/2	59 1/2	60 1/4
1847	60 1/4	60 1/8	60 1/4	60 1/4	59	59 7/16	59 11/16	59 3/16	59 1/4	59 1/4	59 1/4	59 1/4
1848	59 1/4	59 3/4	59 3/16	58 7/8	59 7/8	59 1/2	59 11/16	59 7/8	59 9/16	59 3/16	59 1/4	59 1/4
1849	59 5/8	59 3/4	60	59 7/8	59 7/8	59 5/8	59 1/4	59 11/16	59 11/16	59 1/2	59 1/4	59 1/4
1850	59 3/8	59 3/4	59 5/8	59 5/8	59 1/4	59 1/4	59 3/4	59 11/16	60	60 1/8	60 1/4	61 1/2
1851	61 5/8	61 1/2	61 1/4	61 1/4	61 1/4	60 3/8	60 1/4	60 7/16	60 3/4	60 7/16	60 7/16	60 7/8
1852	60 5/8	60 1/2	60 1/8	60 1/4	59 7/8	59 11/16	60 9/16	60 1/8	60 1/4	60 7/8	61 7/16	61 1/16
1853	61 3/4	61 3/16	61 1/8	61 1/8	61 3/16	61	61 7/16	61 7/8	62	61 11/16	62 3/4	61 3/4
1854	61 7/8	61 11/16	61 13/16	61 13/16	61 1/4	61 1/16	61 1/2	61 1/8	61 1/8	61 1/8	61 7/16	61 7/16
1855	61 1/2	61 1/2	61 1/4	60 7/8	61 1/4	61 1/2	61 1/2	61 11/16	61 5/8	61 3/16	61 1/4
1856	61 1/4	61 5/16	60 15/16	61	61 1/2	61	61 7/16	61 1/4	62	62 1/4	62 1/2
1857	62 3/16	61 1/2	61 3/4	61 3/4	61 13/16	61 15/16	61 1/4	61 1/2	61 5/8	61 11/16	61 13/16
1858	61 7/8	61 1/2	61 7/16	61 1/4	61 1/4	61 1/4	60 15/16	60 13/16	60 15/16	61 11/16	61 3/8
1859	61 1/4	61 3/4	61 13/16	62 1/4	62 3/4	62 7/16	62	61 3/4	62	62	62
1860	62 1/8	62 3/16	62 1/4	61 13/16	61 3/4	61 1/16	61 7/16	61 3/4	61 1/16	61 7/16	61 1/4
1861	61 1/8	61 3/4	60 7/8	61 1/4	60 7/8	60 11/16	60 5/8	60 7/8	60 7/8	60 13/16	61
1862	61 7/16	61 1/4	61 5/16	61 1/4	61 1/2	61	61 3/16	61 1/4	61 1/2	62	61 11/16
1863	61 5/8	61 1/4	61 1/4	61 3/16	61 7/16	61 7/16	61	61	61 7/16	61 7/16	61 7/16
1864	61 11/16	61 1/4	61 1/4	61 11/16	61	61 1/4	61	61 1/2	61 3/16	61 7/16	61 7/16
1865	61 1/2	61 3/16	61 5/16	60 15/16	60 11/16	60 5/8	60 11/16	60 11/16	61 1/8	61 7/16	61 3/16
1866	61 5/8	61 1/4	60 11/16	61 1/4	61 7/16	62 1/16	61 1/2	60 5/8	60 11/16	61	60 7/8
1867	60 7/8	60 3/4	60 5/8	60 3/4	60 3/8	60 1/2	60 1/2	60 3/4	60	60 7/16	60 3/4
1868	60 7/8	60 7/16	60 13/16	60 11/16	60 1/4	60 3/8	60 1/2	60 5/16	60 7/16	60 1/2	60 3/4	60 13/16
1869	60 11/16	60 13/16	60 5/8	60 9/16	60 1/4	—	—	—	—	—	—	—

(Beilage D. 1.)

D. 2. — Zusammenstellung des Londoner Silberpreises und des Londoner Wechselcourses in Hamburg nach jährlichem Durchschnitt, 1845—1868.

Im Jahre	Jährlicher Durchschnitt des Londoner Silber-Preises.		des Londoner Wechsel-Courses k. Sicht in Hamburg.	
	Preis pro Unze Standard Silber.	Werthrelation des Goldes zum Silber. ? ℔ Silber für 1 ℔ Gold.	Bco. ℳ und ß pr. 1 £.	Werthrelation des Goldes zum Silber. ? ℔ Silber für 1 ℔ Gold.
1845	59 1/4	15,91	13 ℳ 11 1/16 ß	15,76
1846	59 5/16	15,90	13 » 10 1/8 »	15,71
1847	59 11/16	15,80	13 » 9 »	15,61
1848	59 1/2	15,86	13 » 10 1/2 »	15,73
1849	59 11/16	15,80	13 » 11 3/4 »	15,81
1850	60	15,72	13 » 9 7/16 »	15,64
1845—1850	59 9/16	15,83	13 » 10 3/8 »	15,71
1851	61	15,46	13 ℳ 6 7/16 ß	15,43
1852	60 9/16	15,57	13 » 6 3/8 »	15,61
1853	61 9/16	15,32	13 » 4 7/16 »	15,38
1854	61 9/16	15,32	13 » 3 5/8 »	15,30
1855	61 5/8	15,36	13 » 5 1/4 »	15,31
1851—1855	61 3/16	15,41	13 » 5 7/16 »	15,36
1856	61 5/16	15,33	13 ℳ 5 9/16 ß	15,25
1857	61 3/4	15,27	13 » 4 »	15,35
1858	61 5/8	15,36	13 » 5 1/16 »	15,27
1859	62	15,21	13 » 3 9/16 »	15,21
1860	61 11/16	15,29	13 » 3 7/8 »	15,24
1856—1860	61 11/16	15,29	13 » 4 9/16 »	15,27
1861	60 13/16	15,50	13 ℳ 6 13/16 ß	15,45
1862	61 3/8	15,35	13 » 5 9/16 »	15,36
1863	61 7/16	15,38	13 » 5 1/2 »	15,36
1864	61 7/16	15,38	13 » 5 7/16 »	15,35
1865	61	15,46	13 » 6 1/4 »	15,41
1861—1865	61 3/16	15,41	13 » 5 15/16 »	15,39
1866	61 3/16	15,41	13 ℳ 5 3/16 ß	15,33
1867	60 9/16	15,57	13 » 7 1/2 »	15,50
1868	60 7/16	15,60	13 » 8 5/16 »	15,64

Nach den Angaben im Supplement zum „Economist" vom 13. März 1869 betrug der durchschnittliche Preis der Unze-Standard Silber in London:

1841—45: 59 1/2 d.	1856—60: 61 1/8 d.	1867: 60 5/8 d.
1846—50: 59 3/4 „	1861—65: 61 1/4 „	1868: 60 1/2 „
1851—55: 61 1/8 „	1866: 61 „	

D. 3. — Tabelle zur Vergleichung der Londoner Silber-Preise und der Londoner Wechselcourse in Hamburg mit der sich daraus ergebenden Werthrelation.

Silberpreis in London. Pence pr. Unze.	Werthrelation Gold zu Silber. ? ℔ Silber für 1 ℔ Gold.	Silberpreis in London. Pence pr. Unze.	Werthrelation Gold zu Silber. ? ℔ Silber für 1 ℔ Gold.	Silberpreis in London. Pence pr. Unze.	Werthrelation Gold zu Silber. ? ℔ Silber für 1 ℔ Gold.
55	17.148	60⅛	15.681	61⅞	15.240
56	16.839	60¼	15.654	62	15.210
57	16.544	60⅜	15.619	62⅛	15.179
58	16.259	60½	15.587	62¼	15.148
58½	16.119	60⅝	15.555	62⅜	15.118
59	15.983	60¾	15.523	62½	15.088
59⅛	15.949	60⅞	15.491	62⅝	15.058
59¼	15.915	61	15.459	62¾	15.028
59⅜	15.882	61⅛	15.427	62⅞	14.998
59½	15.849	61¼	15.396	63	14.968
59⅝	15.815	61⅜	15.364	63¼	14.909
59¾	15.782	61½	15.333	63½	14.850
59⅞	15.749	61⅝	15.302	63¾	14.792
60	15.717	61¾	15.270	64	14.734

Londoner Wechselcours, kurze Sicht, in Hamburg ℳ ß u. ß pr. £	Werthrelation Gold zu Silber ? ℔ Silber für 1 ℔ Gold.	Londoner Wechselcours, kurze Sicht, in Hamburg ℳ ß u. ß pr. £	Werthrelation Gold zu Silber. ? ℔ Silber für 1 ℔ Gold.	Londoner Wechselcours, kurze Sicht, in Hamburg ℳ ß u. ß pr. £	Werthrelation Gold zu Silber. ? ℔ Silber für 1 ℔ Gold.
15 ℳ — ß	17.263	13 ℳ 9 ß	15.608	13 ℳ 2 ß	15.105
14 » 12 »	16.975	13 » 8½ »	15.572	13 » 1½ »	15.069
14 » 8 »	16.831	13 » 8 »	15.537	13 » 1 »	15.033
14 » 4 »	16.400	13 » 7½ »	15.501	13 » —½ »	14.997
14 » — »	16.112	13 » 7 »	15.465	13 » — »	14.961
13 » 15 »	16.040	13 » 6½ »	15.429	12 » 15½ »	14.925
13 » 14 »	15.968	13 » 6 »	15.393	12 » 15 »	14.889
13 » 13 »	15.896	13 » 5½ »	15.357	12 » 14½ »	14.853
13 » 12 »	15.824	13 » 5 »	15.321	12 » 14 »	14.817
13 » 11½ »	15.788	13 » 4½ »	15.285	12 » 13½ »	14.781
13 » 11 »	15.752	13 » 4 »	15.249	12 » 13 »	14.745
13 » 10½ »	15.716	13 » 3½ »	15.213	12 » 12½ »	14.709
13 » 10 »	15.680	13 » 3 »	15.177	12 » 12 »	14.673
13 » 9½ »	15.644	13 » 2½ »	15.141	12 » 11½ »	14.637

E. — Zusammenstellung der Ausmünzungen in verschiedenen Staaten.

E. 1. — In Frankreich.

Jahre	Gold frcs.	Silber frcs.	Zusammen frcs.	Jahre	Gold frcs.	Silber frcs.	Zusammen frcs.
1825—1830	52.918920	631.914637½	684.833557½	1857	572.561225	3.809611	576.370836
1830—1848	215.912800	1.750.273238½	1.966.186038½	1858	488.689635	8.663569	497.353204
1848—1849	66.807310	326.279759	393.087069	1859	702.697790	8.401814	711.099604
				1860	428.452425	8.081198	436.536623
1850	85.192390	86.458485	171.650875	1861	96.216400	2.518150	100.734550
1851	269.709570	59.327309	329.036879	1862	214.241990	2.519398	216.761388
1852	27.028270	71.918445	98.946715	1863	210.230610	329610	210.560250
1853	312.964020	20.099488	333.063508	1864	273.843765	7.296609	281.140374
1854	526.528200	2.123887	528.652087	1865	161.886635	9.222394	171.109229
1855	447.427820	25.500906	472.928726	1866	365.082925	44.821409	409.904334
1856	508.281995	54.422214	562.704209	1867	198.579510	54.051560	252.631070

Hiernach betrug im Zeitraum von **1825—1867** die Gesammt-Ausmünzung in Frankreich
   in Gold ... 6227.254435 frcs. gleich im Werth 1660.601000 ℳ = 66 %
   » Silber ... 3179.030091 » » » 847.476000 » = 34 »
   Zusammen 9406.286526 frcs. gleich im Werth 2508.077000 ℳ = 100 %

Von **1851—1867** betrug die Ausmünzung
   in Gold .... 5806.423015 frcs. gleich im Werth 1548.379000 ℳ = 94 %
   » Silber ... 383.109971 » » » 102.163000 » = 6 »
   Zusammen . 6189.532986 frcs. gleich im Werth 1650.542000 ℳ = 100 %
oder durchschnittlich pr. Jahr
     in Gold... 341.554295 frcs. gleich im Werth 91.081000 ℳ
     » Silber.. 22.535881 » » » 6.010000 »

F. 2. — In Grossbritannien.

Jahre	Gold Pfund Sterling	Silber Pfund Sterling	Zusammen Pfund Sterling	Jahre	Gold Pfund Sterling	Silber Pfund Sterling	Zusammen Pfund Sterling
1821—1830	38.535578	2.216318	40.751896	1858	1.231023	445896	1.676919
1831—1840	13.121146	1.959126	15.080312	1859	2.649500	647064	3.296573
1841—1849	34.895236	3.020332	37.915568	1860	3.121709	218403	3.340112
				1861	8.190170	209484	8.399634
1850	1.491836	129096	1.620932	1862	7.836413	148518	7.984931
1851	4.400411	87668	4.488279	1863	6.997212	161172	7.158384
1852	8.742270	189596	8.931866	1864	9.535597	535194	10.070791
1853	11.952391	701544	12.653935	1865	2.367614	501732	2.869346
1854	4.152183	140480	4.292663	1866	5.076676	493416	5.570092
1855	9.006663	195510	9.204173	1867	496397	193842	690239
1856	6.002114	462528	6.464642	1868	1.653384	301356	1.954740
1857	4.859860	373230	5.233090				

Hiernach betrug die Ausmünzung in Grossbritannien von **1821—1868**
   in Gold .. 186.317432 Pfund Stlg. gleich im Werth 1242.116000 ℳ = 93 %
   » Silber.. 13.342601 » » » » 88.951000 » = 7 »
   Zusammen 199.660033 Pfund Stlg. » » » 1331.067000 ℳ = 100 %

Von **1851—1867** betrug die Ausmünzung
   in Gold... 96.620212 Pfund Stlg. gleich im Werth.. 644.135000 ℳ = 94 %
   » Silber.. 5.705477 » » » » 38.036000 » = 6 »
   Zusammen 102.325689 Pfund Stlg. » » » .. 682.171000 ℳ = 100 %
oder durchschnittlich pr. Jahr
     in Gold... 5.683542 Pfund Stlg. gleich im Werth.. 37.890000 ℳ
     » Silber.. 335616 » » » » .. 2.237000 »

(Beilage E. 1 u. 2.)

E. 3. — In Britisch Ost-Indien.

Jahre *)	Gold Rupien	Silber Rupien	Zusammen Rupien	Jahre	Gold Rupien	Silber Rupien	Zusammen Rupien
1841—1850	3,454680	323,441840	326,896020	1858	437830	125,514020	125,951850
				1859	1,243220	65,179870	66,423090
1851	1,237170	26,164180	27,401350	1860	685940	106,767280	107,453220
1852	625530	42,404960	43,030490	1861	693740	51,916820	52,610560
1853	—	55,099640	55,099640	1862	586660	70,703520	71,290180
1854	1,456780	52,534350	53,991130	1863	1,306650	92,514970	93,821620
1855	26770	13,659020	13,685790	1864	543540	114,796850	115,340890
1856	1,678630	69,736590	71,415220	1865	956710	104,858650	105,815360
1857	1,282520	107,792930	109,075450	1866	176620	145,070790	145,247410

Hiernach betrug die Ausmünzung in Britisch Ost-Indien von **1841—1866**
in Gold... 16,392990 Rupien gleich im Werth .. 10,929000 ℳ = 1 %
» Silber.. 1568,155780 » » » » 1045,437000 » = 99 »
Zusammen 1584,548770 Rupien » » » .. 1056,366000 ℳ = 100 %

Von **1851—1866** betrug die Ausmünzung
in Gold... 12,958310 Rupien gleich im Werth ... 8,626000 ℳ = 1 %
» Silber.. 1244,714440 » » » » ... 829,810000 » = 99 »
Zusammen 1257,652750 Rupien » » » ... 838,436000 ℳ = 100 %
oder durchschnittlich pr. Jahr
in Gold... 806644 Rupien gleich im Werth 539000 ℳ
» Silber.. 77,794652 » » » » 51,863000 »

*) (Es sind Verwaltungsjahre vom 1. Mai bis 30. April des genannten Jahres.)

E. 4. — In den Vereinigten Staaten.

Jahre **)	Gold Dollars	Silber Dollars	Zusammen Dollars	Jahre	Gold Dollars	Silber Dollars	Zusammen Dollars
1821—1830	1,903092	16,781047	18,684139	1858	52,889900	8,233248	61,123068
1831—1840	18,791862	27,199779	45,991641	1859	30,409954	6,833631	37,243583
1841—1850	89,443328	22,226755	111,670083	1860	23,447283	3,250636	26,697919
				1861	80,706401	2,883707	83,592108
1850	31,981739	1,866100	33,847839	1862	61,676577	3,231082	64,907659
1851	62,614492	774397	63,388889	1863	22,645730	1,564297	24,210027
1852	56,846188	999410	57,845598	1864	23,962748	850087	24,832835
1853	55,219907	9,077571	64,291478	1865	30,685700	950219	31,635919
1854	52,094595	8,619270	60,713865	1866	37,429430	1,596647	39,026077
1855	52,795457	3,501245	56,296702	1867	39,838879	1,562694	41,401573
1856	59,343565	5,196670	64,540035	1868	24,141245	1,592986	25,734231
1857	25,183139	1,601644	26,784783				

Hiernach betrug im Zeitraum von **1821—1868** die Gesammt-Ausmünzung
in Gold... 934,066911 Dollars gleich im Werth .. 1307,036000 ℳ = 88 %
» Silber.. 130,393162 » » » » 182,459000 » = 12 »
Zusammen 1064,460073 Dollars » » » 1489,495000 ℳ = 100 %

Von **1851—1868** betrug die Ausmünzung
in Gold ... 791,946690 Dollars gleich im Werth ... 1108,168000 ℳ = 93 %
» Silber.. 62,319481 » » » » ... 87,209000 » = 7 »
Zusammen 854,266371 Dollars » » » ... 1195,377000 ℳ = 100 %
oder durchschnittlich pr. Jahr
in Gold ... 43,997049 Dollars gleich im Werth 61,565000 ℳ
» Silber.. 3,462193 » » » » ... 4,845000 »

**) (Von 1821 bis 1856 incl. sind es Kalenderjahre; für 1857 ist nur das halbe Jahr bis 30. Juni gerechnet; von 1858 an sind die mit dem 30. Juni endenden Verwaltungsjahre zu verstehen.)

(Beilage E. 3 u. 4.)

E. 5. — Uebersicht der Münz-Ausprägungen und Einziehungen in Deutschland.

Im Juni 1868 ersuchte der Kanzler des Norddeutschen Bundes die Regierungen der Bundesstaaten um Mittheilung münzstatistischer Nachweise. In der Aufforderung hiess es: »Eine Feststellung des Umfangs der Cirkulation von Gold- und Silbermünzen ist unmöglich, da die private Einschmelzung und die Ausfuhr der Münzen sich der statistischen Controlle entziehen; dagegen werden von allen Regierungen die Angaben über die jährlich stattgehabten Ausmünzungen und Münzeinziehungen ohne Schwierigkeit sich beibringen lassen. — Der Zeitpunkt, bis zu welchem zurück diese Statistik zur Hand liegt, wird in den verschiedenen Staaten ein verschiedener sein; — — doch wird es wünschenswerth sein, den Ausgangspunkt, wenn irgend thunlich, so zu wählen, dass die statistischen Angaben die ganze Periode umfassen, aus welcher noch Münzen in regelmässigem Umlaufe sind.« Dieser Aufforderung ist entsprochen und das eingegangene Material im Bundeskanzleramte zu »Uebersichten über die in den Staaten des Norddeutschen Bundes stattgehabten Ausprägungen und Einziehungen von Gold-, Silber- und Kupfermünzen« verarbeitet und unter den Actenstücken des Bundesraths gedruckt worden. — Zu bemerken ist, dass in diesen Uebersichten die gesammten Hessischen Ausmünzen eingeschlossen sind, obschon nur ein Theil des Grossherzogthums zum Norddeutschen Bunde gehört, da eine bezügliche Theilung der Münzstatistik nicht möglich war. Ein Theil der Lübeckischen Silbercourant-Ausmünzungen, den man auf etwa 660,000 Mark schätzt, konnte dagegen nicht mit aufgenommen werden, da genaue Nachweise fehlen. — Die angegebenen Münzeinziehungen von Silbercourant- und Scheidemünzen betreffen zum Theil solche Münzsorten, die nicht unter den Ausmünzungen mit aufgeführt sind, weshalb ein directes Abziehen jener Einziehungen von den Ausmünzungen, um zu constatiren, welche Beträge von letzteren noch im Umlauf sein könnten, nicht genau zutreffend erscheint. Insbesondere gilt dies von den gleich zu erwähnenden Süddeutschen Münzverhältnissen. — Es bedarf keiner näheren Ausführung, dass die Norddeutsche Münzstatistik für sich allein ein abgeschlossenes Ganzes nicht bildet, da in mehreren Staaten und einigen neuen Preussischen Landestheilen jetzt noch oder doch früher der Süddeutsche Münzfuss galt und dieselben also mit den Süddeutschen Staaten in der Hinsicht näher zusammenhängen. Aus dieser Rücksicht und da überdies die Süddeutschen Staaten mit dem grössten Theile der Norddeutschen Bundesstaaten einen Münzverein bilden, musste es höchst wünschenswerth erscheinen, die vom Norddeutschen Bundeskanzleramte vorgelegten Uebersichten durch die entsprechende Münzstatistik von Bayern, Württemberg und Baden zu vervollständigen, und so eine umfassende Deutsche Münzstatistik aufzustellen. Durch die auf sein Ersuchen ihm gewordenen betreffenden Nachweise seitens der Finanzministerien in München, Stuttgart und Karlsruhe ist der Berichterstatter in den Stand gesetzt, eine solche Vervollständigung hier vorzulegen.[*]) Hiernach sind nun, unter Verzicht auf ausführliche Detailangaben, zu denen das Material vorlag, die aber zu viel Raum beansprucht hätten, nachstehend die gesammten Ergebnisse nach den Hauptrubriken summarisch zusammengestellt. Es wird keiner Rechtfertigung bedürfen, dass, um eine allgemeine Uebersicht zu gewinnen, die sämmtlichen anderen Werthe auf Thalerwerth berechnet sind. Für die Goldmünzen ist hierbei durchweg die nämliche Norm angenommen wie in der vom Bundeskanzleramt vorgelegten Norddeutschen Münzstatistik.

---

[*]) Als der erste Bogen dieser Denkschrift gedruckt wurde, waren wir noch nicht im Besitze dieser vollständigen Angaben bis 1867 und auf die bezüglichen Notizen in der Schrift des Herrn Xeller, die nur bis 1866 reichten, angewiesen. Die Differenz ist selbstverständlich nicht erheblich, allein wir wollen doch darauf aufmerksam machen, dass die Angaben auf den Seiten 4 und 5 nach dieser Beilage zu ergänzen sein werden.

Ausmünzungen und Münz-Einziehungen in Deutschland.

I. Gold.

Norddeutscher Bund.

Preussen: Aeltere Landestheile:

an Friedrichsd'or (von 1764 bis 1855)	14,976978½	Stück =	84,869545 ₰		
» Goldkronen (von 1857 bis 1867)	91811	» =	841801 »	}	85,711146 ₰

Neuere Landestheile:

Hannover, Kurhessen, Frankfurt:

an Friedrichsd'or } (von 1834 bis 1857) {	51835	» =	293732 »		
» Pistolen	5.396018	» =	29,678099 »	}	37,266347 »
» Goldkronen (von 1857 bis 1867)	795142	» =	7,288801 »		
» Dukaten (1853 und 1856)	1786	» =	5715 »		

Sachsen:

» Augustd'or (von 1839 bis 1857)	41582	» =	235631 »	}	648214 »
» Goldkronen (von 1857 bis 1867)	45009	» =	412583 »		

Hessen:

» Zehn-Gulden-Stücke } (von 1819 bis 1857) {	20401	» =	116577 »	}	180948 »
» Fünf-Gulden-Stücke	22530	» =	64371 »		

Braunschweig:

an Pistolen (von 1764 bis 1834)	9,006211	» =	49,534160 »		
» Goldkronen (von 1857 bis 1867)	45298	» =	415232 »	}	49,977113 »
» Dukaten (von 1835 bis 1857)	8754	» =	27721 »		

Hamburg und Lübeck:

an Dukaten (in H. v. 1815 b. 67; in L. v. 1790 b. 96)	607068	» =			1,942616 »

In Norddeutschland zusammen 175,726386 ₰

Süddeutschland (von 1837 bis 1867).

Bayern:

an Goldkronen (von 1857 bis 1867)	26835 ₰	
» Dukaten (von 1837 bis 1856)	195635 »	

Württemberg:

an Dukaten (von 1837 bis 1856)	401896	Stück =	1,320515 »

Baden:

an Dukaten (von 1836 bis 1856)	28039	» =	89458 »

1,632443 »

In Deutschland zusammen 177,358829 ₰

Dagegen sind eingezogen seitens der Staats-Cassen:
in *Norddeutschland:* an Friedrichsd'or und Pistolen 2,506536 ₰
in *Baden:* an Dukaten und 500 Kreuzerstücken.... 1447 »

2,507983 ₰

(Die Friedrichsd'or und Augustd'or sind berechnet zu 5½ ₰; die hannoverschen und braunschweigischen Pistolen zu 5½ ₰; die Dukaten zu 3½, resp. 3⅛ ₰; die Goldkronen zu 9⅛ ₰ per Stück.)

II. Silber-Courant.

Norddeutscher Bund.

Preussen: Aeltere Landestheile:
- ²/₁ und ¹/₁ Thalerstücke ..... (von 1764 bis 1857) 167,043209 ℳ } 286,458032 ℳ
- (von 1857 bis 1867) 119,415823 »
- kleineres Courant .... (von 1764 bis 1857) 77,346640 » } 77,826103 »
- (von 1857 bis 1867) 480463 »
} 364,285135 ℳ

» Neuere Landestheile:
- ²/₁ und ¹/₁ Thalerstücke ..... (von 1834 bis 1857) 20,551273 » } 38,365788 »
- (von 1857 bis 1867) 17,814515 »
- kleineres Courant .... (von 1834 bis 1857) 6,537285 » } 6,862177 »
- (von 1857 bis 1867) 324892 »
} 45,227965 »

Sachsen:
- ²/₁ und ¹/₁ Thalerstücke ..... (von 1839 bis 1857) 27,727377 » } 53,371306 »
- (von 1857 bis 1867) 25,643929 »
- kleineres Courant .... (von 1839 bis 1857) 1,839146 » } 2,923703 »
- (von 1857 bis 1867) 1,084557 »
} 56,295009 »

Die übrigen Staaten des Nordd. Bundes (excl. Hansestädte):
- ²/₁ und ¹/₁ Thalerstücke ..... (vor 1857) .... 7,748759 » } 12,079547 »
- (von 1857 bis 1867) 4,330788 »
- kleineres Courant und Courant (vor 1857) .... 11,969284 » } 12,019554 »
- der Gulden-Währung ..... (von 1857 bis 1867) 50270 »
} 24,099101 »

Zusammen:
- ²/₁ und ¹/₁ Thalerstücke ..... (vor 1857) .... 223,070618 ℳ } 390,275673 ℳ
- (von 1857 bis 1867) 167,205055 »
- kleineres Courant und Courant (vor 1857) .... 97,691355 » } 99,631537 »
- nach der Gulden-Währung (von 1857 bis 1867) 1,940182 »
} 489,907210 ℳ

Hansestädte .... 6,141860 »

In Norddeutschland zusammen 496,049070 ℳ

Süddeutschland (von 1837 bis 1867).

Bayern:
- ²/₁ und ¹/₁ Thalerstücke .... 25,904170 » } 63,818425 ℳ
- ²/₁₁, ¹/₁ und ¹/₂ Guldenstücke .... 37,914255 »

Württemberg:
- ²/₁ und ¹/₁ Thalerstücke .... 7,679461 » } 21,449126 »
- ²/₁₁, ¹/₁ und ¹/₂ Guldenstücke .... 13,769665 »

Baden:
- ²/₁ und ¹/₁ Thalerstücke .... 3,883928 » } 11,159111 »
- ²/₁₁, ¹/₁ und ¹/₂ Guldenstücke .... 7,275183 »

Zusammen: ²/₁ und ¹/₁ Thalerstücke 37,467559 » } 96,426662 ℳ
²/₁₁, ¹/₁ und ¹/₂ Guldenstücke 58,959103 »

In Deutschland zusammen 594,475732 ℳ

Dagegen sind seitens der Staats-Cassen eingezogen:
- in *Norddeutschland* .... 55,901699 ℳ
- in *Bayern* (Kronenthaler) ...... ca. 21,035288 ℳ
- in *Württemberg* (Kronenthaler) .... 6,696049 »
- in *Baden* (Kronenthaler, alte ²/₁ und ¹/₁ Fl.-St., 100 Kr.-St. etc.) 7,202666 »
34,934003 »
90,835702 ℳ

(Die Einziehungen umfassen für Preussen (1821—1857: 21,639710 ℳ 21 gr. 8 ₰; 1858—1867: 19,564307 ℳ 11 gr. 9 ₰) und Sachsen (1821—1867: 11,200219 ℳ 3 gr. 5 ₰) den Zeitraum von 1821—1867, bei den übrigen norddeutschen Staaten, deren Münzeinziehungen indess nicht von Erheblichkeit sind, konnten nur kürzere Zeiträume berücksichtigt werden. Die angegebenen Münzeinziehungen der Süddeutschen Staaten gelten für den Zeitraum von 1837 bis 1867.)

III. Scheidemünze.
A. In Silber.

Norddeutscher Bund.

Preussen: Aeltere Landestheile .... { (von 1764 bis 1867) ...... 7,992836 ℳ } 9,843754 ℳ
  { (von 1857 bis 1867) ...... 1,850918 » }

» Neuere Landestheile .... { (von 1834 bis 1857) ...... 1,255541 » } 1,840459 »
  { (von 1857 bis 1867) ...... 584918 » }

Sachsen ...... { (von 1839 bis 1857) ...... 1,811502 » } 2,055042 »
  { (von 1857 bis 1867) ...... 243540 » }

Die übrigen Staaten des Norddeutschen Bundes { (vor 1857) ...... 2,688732 » } 3,141538 »
(excl. Hansestädte) { (von 1857 bis 1867) ...... 452806 » }

Hansestädte ...... 936274 »

In Norddeutschland zusammen 17,817067 ℳ

Süddeutschland (von 1837 bis 1867).

Bayern ...... 1,081160 ℳ
Württemberg ...... 889531 »
Baden ...... 491790 »

2,462481 »

In Deutschland zusammen 20,279548 ℳ

B. In Kupfer.

Norddeutscher Bund.

Preussen: Aeltere Landestheile { 1,873734 ℳ
  » Neuere Landestheile ...... (von 1764 bis 1867) ...... 269611 »
Die übrigen Staaten Norddeutschlands } 587203 »

2,730548 ℳ

Süddeutschland.

Bayern ...... { 165429 ℳ
Württemberg ...... (von 1837 bis 1867) ...... 44889 »
Baden ...... } 214703 »

425021 »

In Deutschland zusammen 3,155569 ℳ

Dagegen sind seitens der Staats-Cassen eingezogen:
in *Norddeutschland:* Silber-Scheidemünze ... 3,415,497 ℳ
  Kupfer-Scheidemünze ... 99,777 »
  3,515274 ℳ
in *Bayern* ...... 824596 ℳ
in *Württemberg* ...... 326026 »
in *Baden* ...... 307931 »
  1,458553 »
  4,973827 ℳ

RECAPITULATION.

Ausgemünzt sind:	in Norddeutschland incl. Hessen:	in Süddeutschland:	zusammen:
Goldmünzen	175,726396 ℳ	1,632443 ℳ	177,358829 ℳ
Silber-Courant	498,049070 »	96,426662 »	594,475732 »
Scheidemünze in Silber	17,817067 »	2,462481 »	20,279548 »
Scheidemünze in Kupfer	2,730548 »	425021 »	3,155569 »
	694,323071 ℳ	100,946607 ℳ	795,269678 ℳ
Dagegen sind von den Regierungen an Münzen eingezogen .	61,923508 »	36,394003 »	98,317511 »

Ausmünzungen in Deutschland seit dem Münzvertrage vom 24. Januar 1857.

	Gold	Silber-Courant		Scheide-Münze		Im Ganzen
		nach dem 30-Thalerfuss	nach dem südd. Fl.-Fuss	in Silber	in Kupfer	
1857	ℳ	ℳ	ℳ	ℳ	ℳ	ℳ
Norddeutschland	54959	2,767260	—	139196	18035	2,979450
Bayern	14951	1,559413	44580	3914	2194	1,625052
Württemberg	—	451752	—	9031	—	460783
Baden	—	18588	111181	5337	7055	142161
Zusammen	69910	4,797013	155761	157478	27284	5,207446
1858						
Norddeutschland	1,794728	4,900583	—	655120	81749	7,432180
Bayern	11475	2,284473	155353	19901	7669	2,478871
Württemberg	—	614104	62576	6886	1998	715564
Baden	—	231658	—	—	7769	239427
Zusammen	1,806203	8,030818	217929	681907	99185	10,866042
1859						
Norddeutschland	992893	22,819056	32213	683550	47275	24,574987
Bayern	—	2,717524	444575	26275	6341	3,194715
Württemberg	—	1,332661	20492	4734	735	1,358622
Baden	—	288762	25194	—	9592	323548
Zusammen	992893	27,158003	522474	714559	63943	29,451872
1860						
Norddeutschland	430857	21,959065	29743	542826	53975	23,016466
Bayern	409	2,609621	371036	21984	5422	3,008472
Württemberg	—	645388	85383	4619	1626	737016
Baden	—	173587	207913	—	6813	388313
Zusammen	431266	25,387661	694075	569429	67836	30,150267
1861						
Norddeutschland	210205	22,787333	120500	401070	71209	23,620317
Bayern	—	2,739382	307641	31204	5818	3,084045
Württemberg	—	750045	199006	9256	1492	962609
Baden	—	352237	74509	—	7434	441180
Zusammen	210205	26,638897	701656	441530	85953	28,108241
1862						
Norddeutschland	214837	10,932117	9979	468761	129329	11,785323
Bayern	—	2,603960	215690	27786	6573	2,851009
Württemberg	—	648216	42177	6369	2482	695544
Baden	—	399741	66689	—	6490	472920
Zusammen	214837	14,584334	334835	501916	144874	15,810796
1863						
Norddeutschland	325787	4,157476	31784	585056	131134	5,231187
Bayern	—	1,905353	225523	31984	6523	2,169383
Württemberg	—	620843	—	9302	3307	633452
Baden	—	325957	71996	—	6711	406666
Zusammen	325787	7,009629	329255	626342	149675	8,440688

	Gold	Silber-Courant		Scheide-Münze		Im Ganzen
		nach dem 30-Thalerfuss	nach dem südd. Fl.-Fuss	in Silber	in Kupfer	
1864	ℳ	ℳ	ℳ	ℳ	ℳ	ℳ
Norddeutschland	1.260084	4.345606	—	4816991	129826	6,246615
Bayern	—	1,474101	307766	31357	8288	1.821512
Württemberg	—	532807	45915	11396	1929	595167
Baden	—	321905	50628	—	7337	379870
Zusammen	1.260084	6.674502	404339	526852	147380	9,013164
1865						
Norddeutschland	100685	4.745474	—	693549	108836	5.648546
Bayern	—	1.253927	160433	41258	4968	1,460586
Württemberg	—	275818	47428	8231	3129	334636
Baden	—	265146	52698	—	9076	326880
Zusammen	100685	6.540395	260169	653038	126011	7.770598
1866						
Norddeutschland	3,099268	28,095518	—	3017 48	52436	31,548992
Bayern	—	1,075946	98370	45390	4648	1,224354
Württemberg	—	345783	78890	7432	1870	433975
Baden	—	149281	—	6854	8112	164247
Zusammen	3,099268	29,666528	177260	364424	67068	33,371568
1867						
Norddeutschland	905948	36.695267	—	388795	108101	38.098111
Bayern	—	598156	77819	26121	6180	708276
Württemberg	—	164534	20306	11304	953	197097
Baden	—	96384	52320	11120	6615	166469
Zusammen	905948	37.554341	150445	137340	121879	39.169953
Von 1857 bis 1867 inclusive						
Norddeutschland	9,540271	167.205055	224169	5,250770	931909	183,152174
Bayern	26835	20.821856	2,408786	307174	64624	23,629275
Württemberg	—	6.415971	601503	90560	19521	7,127555
Baden	—	2.629246	714040	23311	85034	3,451631
Zusammen	9.567106	197.072128	3.948498	5.671815	1.101088	217.360635

Die Ausmünzungen in **Oesterreich** haben nach Abschluss des Wiener Münzvertrags vom 24. Januar 1857 bis zum 31. December 1867 betragen:

Goldmünzen.
Kronen ..... 101.607 ganze, und 794,099 halbe Stück
Dukaten ..... 14,332,743 einfache, und 180,506 vierfache Stück } 76,680230 Gulden ö. W.

Silbermünzen österr. W.
¼ und ½ Thalerstücke .... 46 673773 ½ Guld. ö. W.
¼ und ½ Guldenstücke 110,590283   »   »   } 200,632041 ½   »   »
Viertel Guldenstücke .... 43,367984 ¼   »   »
Silber-Scheidemünze .... 1.584093   »   »
Kupfer-Scheidemünze .... 10.014421   »   »
Handels-Silbermünze (Levantiner Thaler) 31,708123   »   »

Die Totalsumme der österreichischen Ausmünzungen von 1857 bis 1867 beträgt 320,627908 Gulden 10 Kreuzer österr. Währung.

F. Uebersicht der Goldmünzsysteme verschiedener Länder und einiger neuerer Münzvorschläge.

Länder und neue Projecte.	Bezeichnung der Münzen.	Brutto-Gewicht pr. Stück Gramm.	Feingehalt, Tausendtheile.	Gehalt an feinem Gold Gramm.	Werth in Goldfranken.	Werth in Silberthalern und Groschen nach der Werthrelation von 15½.
Frankreich, Belgien, Schweiz, Italien, Spanien	25-Frankenstück	8.oeis	900	7.2591	25	6 ℳ 22½ Sgr.
	20- "	6.4516	900	5.8065	20	5 » 12 »
	10- "	3.2258	900	2.9032	10	2 » 21 »
	5- "	1.6129	900	1.4516	5	1 » 10½ »
Deutschland	Goldkrone	11.1111	900	10	34.4827	9 » 9 »
	Halbe Krone	5.5555	900	5	17.2377	4 » 19½ »
Gros-Britannien	Sovereign	7.988	916⅔	7.3224	25.2230	6 » 24½ »
	Halber Sovereign	3.991	916⅔	3.6612	12.6105	3 » 12¼ »
Vereinigte Staaten	5-Dollarstück	8.359	900	7.5231	25.9328	6 » 29½ »
Hrn. Mich. Chevalier's Vorschl. (Univ. Münzeinh.)	10	900	9.00	31	8 » 11.1 »
» Anspurg's »	Gold-Speciesthlr.	1.4111	900	1.15	4.3911	1 » 10.0121 »
» Dr. Grote's »	Pase	7.10	1000	7.10	24.372	6 » 22.272 »
» Lindermann's »	5-Dollarstück	8.10	900	7.10	25.11	6 » 23.301 »
» Kelley's Vorschlag	20- »	33.3333	900	30	103.31	27 » 27 »
	5- »	8.3333	900	7½	25.3333	6 » 29½ »

Die projectirten neuen österreichischen 10-Gold-Guldenstücke, neuen britischen Sovereigns und amerikanischen 5-Dollarstücke sind identisch mit dem 25-Frankenstück.

Die Differenz dieser projectirten neuen Münzen gegen den jetzigen Münzfuss beträgt: bei den Sovereigns pr. Stück 0.ooi₃ Gramm fein Gold oder 0.oo₁₈ Procent, bei den amerikanischen 5-Dollarstücken 0.₂₃₁ Gramm oder 3.₄₃₃₃ Procent. Das neue österreichische goldene 10-Guldenstück würde sich gegen 10 Silbergulden stellen wie 8.oois : 123.ai₃i₃, also eine Werthrelation von 15.₃₁, oder verglichen mit der Werthrelation von 15.₃₆ eine Differenz von 1.₃₃₈ Procent ergeben.

Würde als künftige deutsche Münzeinheit das Goldfrankensystem (etwa unter der Bezeichnung: Mark, Schilling und Pfennige) angenommen, so verhalten sich die jetzigen deutschen Silbermünzen, unter Zugrundelegung einer Werthrelation von 15.₅₀. hierzu wie folgt:

100 ℳ Crt............	= 370 ℳ 3 ß 6., ₰	100 fl. sdd. W............	= 211 ℳ 6 ß 3., ₰
10 , , ...	= 37 , – , 3.₄₉ ,	50 , , ...	= 105 , 8 , 2 ,
1 , , ...	= 3 , 7 , 0.₃₄₉ ,	1 , , ...	= 2 , 1 , 1.₄₃₉ ,
¼ , , das 5-Groschenst.	= – , 6 , 1.₂₃₈ ,	⅕ , , ...	= – , 4 , 2.₃₁₈ ,
¹⁄₁₂ , , 2½ , ,	= – , 3 , 0.₄₆₄ ,	¹⁄₆₀ , , , ...	= – , – , 3.₄₁₇ ,
¹⁄₃₀ , , 1- , , ,	= – , 1 , 2.₃₁₆ ,		
¹⁄₆₀ , , 6-Pfennigst.	= – , – , 6.₁₇₈ ,		
¹⁄₃₆₀ , , oder 1 Pfennig..	= – , – , 1.₀₂₉ ,		

100 Frkn............	= 27 ℳ – Sgr. = 47 fl. 15 Xr. sdd. W.
10 , ...	= 2 , 21 , = 4 , 43 , , ,
5 , ...	= 1 , 10.₅ , = 2 , 21.₇₅ , , ,
1 , ...	= – , 6.₁ , = – , 28.₃₅ , , ,
½ , od. 50 Centin.	= – , 3 , 1.₀₃ , = – , 14.₁₇₅ , , ,
¹⁄₁₀ , , 10 ,	= – , 0.₆₁ , = – , 2.₈₃₅ , , ,
¹⁄₂₀ , , 5 ,	= – , 0.₃₀₅ , = – , 1.₄₁₇₅ , , ,
¹⁄₁₀₀ , , 1 ,	= – , 0.₀₆₁ , = – , 0.₂₈₃₅ , , ,

Würde das System des österreichisch-französischen Münzvertrags angenommen, also als Rechnungseinheit der Goldgulden (= 2½ Franken) getheilt in 100 Kreuzer, so wäre das genaue Verhältniss bei angenommener Werthrelation von 15.₅₀:

100 ℳ Crt............	= 148 Goldfl. 11, Xr.	100 fl. sdd. W............	= 84 Goldfl. 65.₇ Xr.
10 , , ...	= 14 , 81.₁₃ ,	50 , , ...	= 42 , 32.₈₅ ,
1 , , ...	= 1 , 48.₃₁₃ ,	1 , , ...	= – , 84.₆₅₇ ,
¹⁄₅ , , ...	= – , 24.₆₉₁₆ ,	⅕ , , ...	= – , 16.₉₃₁ ,
¹⁄₁₂ , , ...	= – , 12.₃₄₅₈ ,	¹⁄₆₀ , , ...	= – , 1.₄₁₁ ,
¹⁄₃₀ , , ...	= – , 4.₉₃₈₃ ,		
¹⁄₆₀ , , ...	= – , 2.₄₆₉₁ ,		
¹⁄₃₆₀ , , ...	= – , 0.₄₁₁₅ ,		

100 Goldfl.	= 67 ℳ 14.— Sgr. = 118 fl. 7.₀₃₃ Xr. sdd W.
10 ,	= 6 , 22.₄₀₄ , = 59 , 3.₅₁₆ , , ,
1 ,	= – , 20.₂₄₅₄ , = 1 , 10.₈₅₁ , , ,
¹⁄₁₀ ,	= – , 2.₀₂₄₅₄ , = – , 7.₀₈₅₁ , , ,
¹⁄₁₀₀ ,	= – , 0.₂₀₂₄₅₄ , = – , 0.₇₀₈₅₁ , , ,